# 微光长明 赋能不息
# 小学信息科技教学设计案例集

熊 璋 总顾问
郑维刚 主 编

電子工業出版社
Publishing House of Electronics Industry
北京·BEIJING

未经许可，不得以任何方式复制或抄袭本书之部分或全部内容。
版权所有，侵权必究。

**图书在版编目（CIP）数据**

微光长明　赋能不息 : 小学信息科技教学设计案例集 / 郑维刚主编. -- 北京 : 电子工业出版社, 2025.
1. -- ISBN 978-7-121-49185-6

Ⅰ . G623.582

中国国家版本馆 CIP 数据核字第 2024LD3401 号

责任编辑：常魏巍　　文字编辑：易　泰
印　　刷：三河市鑫金马印装有限公司
装　　订：三河市鑫金马印装有限公司
出版发行：电子工业出版社
　　　　　北京市海淀区万寿路 173 信箱　邮编：100036
开　　本：787×1092　1/16　印张：8.25　字数：211.2 千字
版　　次：2025 年 1 月第 1 版
印　　次：2025 年 1 月第 1 次印刷
定　　价：45.00 元

凡所购买电子工业出版社图书有缺损问题，请向购买书店调换。若书店售缺，请与本社发行部联系，联系及邮购电话：(010) 88254888，88258888。
质量投诉请发邮件至 zlts@phei.com.cn，盗版侵权举报请发邮件至 dbqq@phei.com.cn。
本书咨询联系方式：(010) 88254507，liufang@phei.com.cn。

# 编委会（排名不分先后）

**丛书编委会：**

主　编：郑维刚

副主编：郭成飞　刘　林　李正福　盛　龙　王光明　师嘉斌

编　委：付　鹤　折毓博　刘博宇　曹晓凤　梁燕花　刘　静
　　　　李东辉　王婧宇　王　霞　贺银鹏　窦华琛　曹世选
　　　　王　玥　王永军　张　静　张书渊　高　玮　贺　璐
　　　　盛　龙　王光明　张　晶　张叶强　赵　昱　梁　艳
　　　　卢昊南　吴　昊　朱　林　常　成　张　莹　梁子娟
　　　　张海云　王玉倩　薛春霞　白晓燕　高智程　崔　欣
　　　　赵　宇　韦月仙　周　亮　苗　悦　李姝怡　李媛媛
　　　　董　莹　苏　晗　师嘉斌　郭成飞　郑维刚　陈　磊
　　　　白江桥　孙　亮　李素琛　冯　倩　赵路遥

**本书编委会：**

主　编：郑维刚

副主编：刘　林　李正福　郭成飞　盛　龙　王光明　师嘉斌

编　委：张叶强　赵　昱　梁　艳　卢昊南　吴　昊　朱　林
　　　　常　成　张　莹　梁子娟　张海云　王玉倩　薛春霞
　　　　白晓燕　高智程　崔　欣　赵　宇　韦月仙　周　亮
　　　　苗　悦　李姝怡　李媛媛　董　莹　苏　晗　师嘉斌
　　　　盛　龙　郭成飞　郑维刚　陈　磊　白江桥　孙　亮
　　　　李素琛　冯　倩　赵路遥

# 序　　言

　　党的十八大以来，我国高度重视科学技术发展与相关学科教育，将教育、科技、人才统筹部署，要求在教育"双减"中做好科学教育加法，强调教育数字化是开辟教育发展新赛道和塑造教育发展新优势的重要突破口，要进一步推进数字教育，为个性化学习、终身学习、扩大优质教育资源覆盖面和教育现代化提供有效支撑。2022 年教育部首次把信息科技列为国家课程，发布了《义务教育信息科技课程标准（2022 年版）》（以下简称《课程标准》），开启了信息科技教学研究和实践的改革。

　　各地各校认真落实，因地制宜，取得了不同程度的进展。然而，信息科技教育还是个新生事物，《课程标准》落地、落实面临教师认识水平参差不齐、学科核心素养把握不准、课程实施缺乏有效路径等诸多挑战。课程教材研究所落实国家总体要求，以《课程标准》为载体，利用其国家级高水平课程教材专业研究平台优势，会聚《课程标准》起草组顶尖专家和学科秘书专业团队，与各实验区合作推进《课程标准》落地。通过研究，提出面向核心素养的信息科技学科单元教学设计与实现的路径，并在实验区一线教师、教研员的共同努力下，全员参与、科学编制、层层把关、打磨迭代、优中选优形成典型案例集，体现了课程教材研究所服务立德树人、服务国家战略、支撑教育强国建设等方面的知行合一理念。

　　在诸多地方和学校的实践中，鄂尔多斯市的"康巴什经验"成为一颗耀眼的明珠。一线教师、教研员在课程教材研究所的引领下，坚持下"先手棋"，紧抓教育数字化转型发展新机遇以破局，突出自身特色，形成了"一二三四五"模式。

　　"一"是一套模板。研制一套单元教学设计模板，覆盖单元教学规划和课时教学设计，对贯穿课堂教学前后的要素进行统一设计。主要包含主题概述、主题学情分析、开放性学习环境、单元学习目标、单元教学任务、评价建议、单元作业/测试等部分及反思性教学改进。

　　"二"是实现义务教育两个阶段的"全覆盖"。指导实验区进行单元教学设计与实践时，实验区学科教师、教研员必须全员参与、责任到人，共同研制形成义务教育小学、初中两个阶段全覆盖的教学设计案例。一方面，考虑内容的全面性，先有后好，为实验区乃至更大范围的一线教师、教研员提供参考；另一方面，在此过程中推动发挥一线骨干教师引领作用，以及将实验区作为先进地区的示范带动作用。

"三"是用好三个方面的现实基础。教学实践中，信息科技教学存在一定的现实基础，即学生已受到一定程度的信息技能培训、与《课程标准》理念不完全相符的地方课程教材确有可取之处，以及既有教学设计不乏优质典型情境案例。为此，在指导单元教学设计与实践时，注重用好三个方面的现实基础。其一，"科""技"并重，以素养培育为目标，通过项目化、任务化的手段，有机结合技能运用。其二，结合教与学实际，从原地方课程教材中遴选场景，充分运用。其三，在既有教学设计中遴选可取之处，特别是充分借鉴紧扣学生生活、以项目化和活动化方式开展的主题。

"四"是强化四个方面核心素养的培育。教学设计中着力强化信息意识、计算思维、数字化学习与创新、信息社会责任四个方面核心素养的培育，形成螺旋式上升、循序渐进、相互促进的系统性培养闭环。在教学设计中不断强化核心素养培育思想，精准渗透培育理念与做法。

"五"是特别关注五个方面。其一，关注思想性。坚持立德树人根本任务，关注中华优秀传统文化、革命文化、社会主义先进文化等的融入，如学习了解我国互联网建设成就；贯彻落实总体国家安全观，在网络安全等内容中加入真实案例。其二，关注跨学科。有针对性地组织、开展强化学科交叉理念的综合性学习，如与数学学科进行结合，进行"身边的算法"相关教学；同时，积极融入中华优秀传统文化中的历史故事和趣味案例，如鸡兔同笼、韩信点兵、郑和下西洋等。其三，关注实践性。运用学生熟悉的生活场景，以真实问题或项目为驱动，引导学生经历原理运用过程、计算思维培养过程和数字化工具应用过程，建构知识，提升问题解决能力。其四，关注"教学评"的一致性。在教学设计中明确课堂测评素养落实情况，如可以从科学和技能两个维度，制订可评可测的、精准到具体表现的评价量表。其五，关注不同学段、年级之间的衔接性，全面对照《课程标准》开展教学设计。因此，应在不同学段、年级、单元和课时中考虑和尊重学生学习基础，提升课程科学性和系统性。

一线教师、教研员的经验翔实地反映在"信息科技教学设计案例集"丛书中，显示出《课程标准》是如何在西部地区落地生根的，以及怎样结出硕果的。该书的出版价值和意义在于真正探索出一条基于数字教育手段、服务数字教育

## 序　言

学科单元教学设计的路径。该书的内容兼具较强的可复制性、可推广性，为广大边疆地区教育发展作出了引领示范，与"宁夏经验"共同构成了数字化教育"双子星塔"。

　　落实信息科技课标，推进教育数字化转型，赋能教育高质量发展，不仅在鄂尔多斯市的康巴什实验区得到了生动的体现，而且在其他地区也结出了累累硕果，如广州黄埔实验区的"数智融创"、深圳南山实验区的"素养课堂"、重庆江津实验区的"科学教育人才战略"和开州实验区的"一体化示范"、云南宣威实验区的"城乡一体协同发展"等，课程教材研究所信息科技实验研究团队将深入总结提炼各实验区的突出成果，建议加强各实验区之间的合作交流，成熟一批推广一批，为教育数字化转型作出更大的贡献。

《微光长明　赋能不息　小学信息科技教学设计案例集》编委会
2024年6月

# 前　言

2022 年，《义务教育信息科技课程标准（2022 年版）》（以下简称《课程标准》）颁布，信息科技作为国家课程进入《义务教育课程方案（2022 年版）》，并被列入必修课程，课程名称由"信息技术"更改为"信息科技"，这一变化体现了"科""技"并重的教育理念，标志着我国信息科技教育迈入了数字时代，这一变化也必将产生深远的积极影响。

信息科技作为一门新目标、新标准、新内容、新要求的年轻学科，面向课堂教学实践，还缺乏成熟的教学案例、课型和资源等支撑，对于一线教师来说，信息科技课堂教学的教学设计、课堂实施、学习评价乃至教研组织形式都将面临较大的挑战和考验。

为充分激发信息科技课程潜能，有效推动《课程标准》在一线教学中落地实施，突出信息科技课程的育人价值、时代性和科学性，培养学生数字素养与技能，"信息科技教学设计案例集"丛书编委会从一线教学实际需求出发，以《课程标准》为依据、以发展学生数字素养与技能为目标，在课标研制专家组的指导下，开展大量基于《课程标准》的教学设计研发、教学实践、课例改进、教学再实践、课例再改进的研究工作，最终收集优秀的课堂教学案例，形成本案例集，以供各地区教师课堂教学时参考。

本套丛书以落实立德树人根本任务为导向，按照《课程标准》的理念和要求进行编排，围绕核心素养确定教学目标，通过灵活多样的单元内容、课时设计，推进以学生为主体的学习方式创新，倡导以科学原理指导实践应用。在把握育人要求和学科原理的基础上，引导学生学习原理运用过程、计算思维过程和数字化工具应用过程，建构知识体系，增强学生的问题解决能力，关注学生数字素养与技能的提升。通过不断研修实践，迭代优化教学内容，丰富教学手段，创新教学模式，为信息科技课程的落地提供了先行示范。

本套丛书分为小学、初中两部分，编写团队基于《课程标准》和学生学情进行教学设计，设计过程中融合了信息科技课程的特点，以学生已有的知识、技能和经验为起点，遵循学生学习规律，系统地设计学习活动，这些活动突出了利用信息科技解决学习、生活中的问题，为学生创设了自主、合作、探究的学习情境。在教学实践中，编写团队循环迭代、不断优化信息科技教学，以期达到更好的教学效果。同时，期待越来越多的老师、学生、家长和热心于信息科技教育的社会人士积极参与到新课程改革的进程中，发挥信息科技课程独特育人价值，为数字强国建设培养优秀人才。

  因编者水平有限，书中难免存在疏漏和不足，诚挚邀请各位专家、同行和广大读者批评、指正，以便我们不断改进和完善本书内容。

# 目　　录

第 1 单元　在线学习与生活 ················································· 1

　　第 1 课时　画几何图形 ··················································· 1
　　第 2 课时　认识编程软件 ················································ 4
　　第 3 课时　感知智能生活 ················································ 7
　　第 4 课时　我为家乡代言 ··············································· 10
　　第 5 课时　视频初级编辑 ··············································· 13

第 2 单元　获取与体验在线资源 ········································ 17

　　第 1 课时　分类整理资源 ··············································· 17
　　第 2 课时　体验在线生活 ··············································· 20

第 3 单元　数据与编码 ······················································ 23

　　第 1 课时　初识信息 ····················································· 23
　　第 2 课时　走近身边的数据 ············································ 30
　　第 3 课时　身边的编码 ·················································· 36

第 4 单元　身边的数据 ······················································ 41

　　第 1 课时　身边的数据 ·················································· 41
　　第 2 课时　获取数据 ····················································· 46
　　第 3 课时　整理数据 ····················································· 49
　　第 4 课时　数据创造大价值 ············································ 53

第 5 单元　认识算法 ·························································· 56

　　第 1 课时　初识算法 ····················································· 56
　　第 2 课时　顺序结构 ····················································· 59
　　第 3 课时　认识顺序控制结构 ········································· 63
　　第 4 课时　项目实践 1：程序验证算法（顺序结构） ············ 67
　　第 5 课时　循环结构 ····················································· 71

  第 6 课时  项目实践 2：利用程序验证算法（循环结构） ················ 74

## 第 6 单元  身边的算法 ························································ 77

  第 1 课时  体验身边的算法，用自然语言描述算法（农夫过河） ········ 77
  第 2 课时  计算硬币的个数——用算法解决问题 ·························· 82
  第 3 课时  计算机视觉 ······················································ 87
  第 4 课时  飞翔的小鸟 ······················································ 90
  第 5 课时  租车方案设计（1） ············································· 94
  第 6 课时  租车方案设计（2） ············································· 98
  第 7 课时  项目实践：你的身材标准吗？（1） ···························· 101
  第 8 课时  项目实践：你的身材标准吗？（2） ···························· 105

## 第 7 单元  身边的系统 ························································ 109

  第 1 课时  生活中的系统 ··················································· 109
  第 2 课时  系统的构成 ······················································ 112
  第 3 课时  观察系统 ························································ 117

# 第1单元　在线学习与生活

在三年级设置"在线学习与生活"单元，主要是培养学生利用在线方式解决问题的能力，逐步帮助学生适应在线社会的学习、生活方式。本单元主要体现信息意识、计算思维、数字化学习与创新和信息社会责任的培育，单元分为5课时，分别是"画几何图形""认识编程软件""感知智能生活""我为家乡代言"和"视频初级编辑"，课时内容层层递进，依托生活中的真实情境，联系学生已有生活经验，引导学生解决生活中的实际问题，让学生会根据需求进行多样化的在线检索，获取文字、图片、视频、音频等资源，了解信息的来源，会思考信息的真实性与有效性。选择自己喜欢的方式，通过绘图、制作演示文稿、初步编辑视频等方式进行展示，做好基础训练。

## 第1课时　画几何图形

| 课时教学设计 ||
|---|---|
| 单元名称 | 在线学习与生活 |
| 第1课时 | 画几何图形 |

**1. 课时教材分析**

本节课基于三年级的课程——在线学习与生活，设计了关于"画图软件基础知识"的学习内容。本节课作为项目的中间课程，起到了承上启下的作用，不仅能提升学生的学习兴趣，还能对前面课程所学知识进行总结。掌握几何图形的绘制方法，并设计出一辆属于自己的造型和功能兼具的"赛车"，通过设计赛车，发展学生的计算思维能力，并在绘制思维导图阶段培养学生的在线学习与生活的能力。在本节课中，学生将通过创建康巴什区新建旅游城市和发展赛车城赛道的项目场景，学习绘图软件的基础知识。

**2. 课时学情分析**

本节课的重点是基于应用场景设置问题，培养学生在线学习与生活的能力，并发展他们的计算思维。学生将设计造型和功能兼具的"赛车"，并使用画图软件完成绘制。在教学过程中，教师应帮助学生掌握画图软件中形状工具的使用方法。这与学生以往所学有所区别，教师可以逐步引导学生从"学"过渡到"用"，直到让他们完全掌握相关知识且能够灵活运用为止。

(续表)

| 课时教学设计 |
|---|

**3．课时学习重点**

根据实际应用场景，使用画图软件绘制赛车设计图。

**4．课时学习难点**

绘制思维导图。

**5．开放性学习环境**

（1）机房环境配置：教师机、学生机、屏幕。

（2）其他软硬件工具：画图软件、希沃白板、电子教室。

**6．课时学习目标**

（1）学会主动思考问题，能够分析不同情境下的问题，培养信息意识。

（2）根据实际情况设计赛车，分析使用思维导图的优势。

（3）通过赏析作品，提高自我评价能力和互评意识。

（4）通过设计不同样式的赛车，培养计算思维能力。

**7．课时教学过程**

| 教师活动 | 学生活动 |
|---|---|
| **环节一：新课导入（5min）** | |
| 教师活动1<br>　　1．提问：康巴什区新建旅游城市，大力发展赛车旅游。同学们有没有去赛车城观看过比赛呢？分享一下自己的经历和感受。<br>　　2．提问：现在我们要化身赛车手，在赛道上奔驰。首先我们需要什么呢？车！对，本节课我们就来设计自己的赛车，并带着我们的赛车去赛道驰骋吧。 | 学生活动1<br>　　1．了解康巴什区新建旅游城市中的赛车城。<br>　　2．说一说赛车城赛道的特点和观看比赛的感受，并积极参与课堂活动。 |
| 　　活动意图说明：介绍项目主题，通过赛车情境激发学生学习兴趣，并引出后续学习内容。 ||
| **环节二：新知学习（15min）** | |
| 教师活动2<br>　　1．提问：你想让你的赛车具备什么功能？需要从哪些方面进行设计呢？<br>　　2．引入思维导图，让学生在电脑上使用软件绘制思维导图，设计出自己的赛车所需的造型和功能。（这一点在自评和互评中也要有所体现）<br>　　3．学生分组交流汇报，展示自己的思维导图，分享成果并加以改进。 | 学生活动2<br>　　1．根据情境，分析需要设计什么样的赛车，包括赛车的造型和功能等。<br>　　2．借助思维导图展示自己的设计思路。 |

(续表)

| 课时教学设计 ||
|---|---|
| **活动意图说明**：让学生基于实际情境解决问题，培养他们的信息意识。 ||
| **环节三：操作实践，完成赛车的设计（15min）** ||
| 教师活动 3<br>　1．讲解画图软件中"形状"工具的使用方法。<br>　2．重点讲解"形状"工具中"填充"和"轮廓"的功能。<br>　3．让学生根据设计的思维导图，使用画图软件画出自己的赛车草图。 | 学生活动 3<br>　1．学习画图软件中"形状"工具的使用方法。<br>　2．根据所设计的思维导图，利用画图软件画出自己的赛车草图。 |
| **活动意图说明**：培养学生在线学习与生活的能力，同时引导学生完善自己的设计。 ||
| **环节四：任务升级，小结点评（5min）** ||
| 教师活动 4<br>　1．让学生展示自己的赛车草图，并熟练描述赛车的各个组成部分。<br>　2．让学生根据评价单进行自评与互评。<br>　3．进行本课总结，并对学生的评价结果进行展示。 | 学生活动 4<br>　1．展示自己的赛车。<br>　2．构建模块化设计思维，并进一步用模块化设计思维解决问题。<br>　3．学会自评与互评，围绕评价要求进行操作与展示。 |
| **活动意图说明**：巩固本节课要点，提升学生的学习兴趣，让学生掌握自主探究的方法。引导学生通过评价作品及知识掌握程度，判断自己在本节课的学习效果，并对下节课的学习产生积极的学习态度。 ||

8．课时教学板书设计

　　　　　　　　　赛车
　　　　　　形状　轮廓　填充

9．课时作业设计

（1）运用思维导图软件完成赛车的设计。
（2）使用画图软件完成赛车草图的绘制。

10．课时教学反思（实施后填写）

# 第 2 课时 认识编程软件

| 课时教学设计 ||
|---|---|
| 单元名称 | 在线学习与生活 |
| 第 2 课时 | 认识编程软件 |

**1．课时教材分析**

本节课作为学习程序设计的入门课程，旨在引导学生接触编程领域，帮助他们熟悉编程软件及其界面。

**2．课时学情分析**

三年级的学生对计算机的接触时间相对较短，但他们通过 Pad、手机等电子设备，对编程展现出了较高的兴趣，这对本节课的开展起到了很好的铺垫作用。

**3．课时学习重点**

认识编程软件，熟悉编程软件的界面，了解编程中的各类代码模块。

**4．课时学习难点**

熟悉编程界面，了解编程中的各类代码模块。

**5．开放性学习环境**

（1）机房环境配置：教师机、学生机。
（2）其他软硬件工具：白板、图形化编程软件。

**6．课时学习目标**

（1）了解常用的编程软件，了解编程软件的窗口组成。
（2）尝试使用编程软件编写简单的程序。

**7．课时教学过程**

| 教师活动 | 学生活动 |
|---|---|
| 环节一：走进编程世界（5min） ||
| **教师活动 1**<br>教师展示教学案例"欢迎来到信息科技课堂"，激发学生对本节课的学习兴趣。<br> | **学生活动 1**<br>认真观看教师展示的案例：欢迎来到信息科技课堂。 |

| 课时教学设计 |||
|---|---|---|
| 图形化编程软件有很多：<br>1．Scratch<br>2．慧编程<br>3．mblock<br>这节课我们将要学习的编程软件是：慧编程和 mblock。  |||
| **活动意图说明**：在课程导入阶段，教师通过展示"欢迎来到信息科技课堂"的案例，激发学生的学习兴趣，让学生对本节课的内容产生强烈的好奇心。 |||
| **环节二：与编程握握手（15min）** |||
| **教师活动 2**<br>　　1．启动编程软件。<br>　　2．演示打开编程软件的方法：双击应用程序或用鼠标右键单击应用程序再点击"打开"。<br>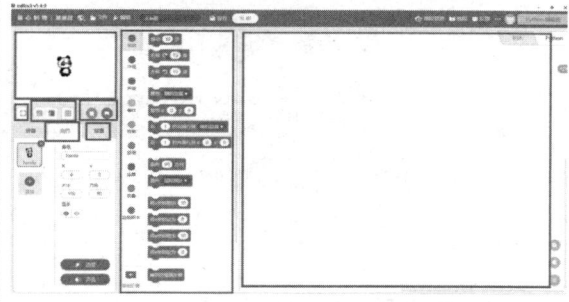<br>　　3．引导学生认识编程软件的界面。<br>　　4．角色的添加。<br>　　5．背景的添加。<br>　　6．展示舞台区域。<br>　　7．展示代码区域。<br> || **学生活动 2**<br>　　1．启动编程软件。<br>　　2．认识编程软件的界面。<br>　　3．认识角色区域。<br>　　4．认识背景区域。<br>　　5．认识舞台区域。<br>　　6．认识代码区域。 |
| **活动意图说明**：引导学生通过实际操作来认识软件及其界面，并熟悉界面中各模块的功能，激发他们积极主动探索的内在动力。 |||

（续表）

| 课时教学设计 |
|---|

**环节三：我能行（15min）**

| 教师活动3 | 学生活动3 |
|---|---|
| 布置任务：<br>1．启动编程软件，添加一个角色和背景。<br>2．给角色添加代码模块。<br>3．添加对话"欢迎来到信息科技课堂"。<br> | 1．了解学习任务。<br>2．按照任务的要求，尝试去完成任务。<br>（1）启动软件，添加一个自己喜欢的角色和背景。<br>（2）给角色添加代码模块，并熟悉各模块中的指令。<br><br> |

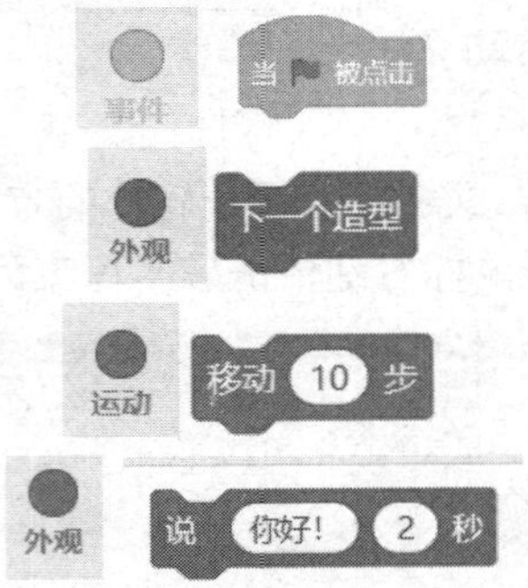

**活动意图说明**：通过循序渐进式的教学活动，让学生更好地理解和掌握知识点，培养学生的核心素养。

**环节四：展评总结（5min）**

| 教师活动4 | 学生活动4 |
|---|---|
| 1．展示学生的作品。<br>2．总结本节课的知识点。 | 1．认真观看展示的作品，学会倾听，取长补短。<br>2．参与对本节课知识点的总结与归纳，进一步厘清知识点，加深对本节课知识点的理解。 |

**活动意图说明**：通过在课堂中展示典型案例，并让学生以参与课堂小结的方式进行互动交流，旨在鼓励学生互相学习，取长补短，加深对知识点的理解。

**8．课时教学板书设计**

认识编程软件

**9．课时教学反思（实施后填写）**

# 第3课时　感知智能生活

| 课时教学设计 ||
|---|---|
| 单元名称 | 在线学习与生活 |
| 第3课时 | 感知智能生活 |
| 1．课时教材分析<br>　　了解常见的智能设备及其对生活的影响。通过体验智能出行、智能穿戴和智能家居等应用，让学生认识到人工智能已被广泛应用并影响着人们的生活。<br>　　向学生介绍全球四大卫星导航系统，其中包括我国自行研制的北斗卫星导航系统。 ||
| 2．课时学情分析<br>　　在日常生活中，学生已经积累了人工智能相关应用的经验。通过本节课的学习，学生可以进一步感受生活中人工智能的便利性，以及人工智能在不同领域的应用情况。 ||
| 3．课时学习重点<br>　　认识常见的智能设备，并了解其功能。 ||
| 4．课时学习难点<br>　　描述智能设备对生活的影响。 ||
| 5．开放性学习环境<br>　　（1）机房环境配置：教师机、学生机、屏幕、白板。<br>　　（2）其他软硬件工具：导航App、智慧语音助手小艺（华为智慧助手）、手机。 ||
| 6．课时学习目标<br>　　（1）通过观看人工智能的案例，感受在线社会对学习和生活的影响；<br>　　（2）在家庭、校园、公园等场景中，体验智能语音助手、电子导览等智能设备的交互过程；<br>　　（3）通过对智能设备的合理使用，了解智能设备的使用过程和方法，激发对信息科技课程的好奇心和学习兴趣，增强对信息科技的求知欲。 ||
| 7．课时教学过程 ||
| 教师活动 | 学生活动 |
| 环节一：新课导入（5min） ||
| 教师活动1<br>　1．播放人工智能相关的视频并提问：这个视频讲述的是哪方面的内容？<br>　2．提问：关于人工智能，同学们了解哪些内容？<br>　3．提示：本节课我们来研究生活中的人工智能。（板书：感知智能生活） | 学生活动1<br>　1．认真观看视频，并回答问题。<br>　2．说说自己对人工智能的了解。 |

(续表)

| 课时教学设计 |
|---|

**活动意图说明**：通过视频激发学生对人工智能的学习兴趣，并了解学生对人工智能的认识程度。

**环节二：新知学习——了解人工智能的应用（13min）**

| 教师活动2 | 学生活动2 |
|---|---|
| 1．提问：生活中，你见过哪些人工智能设备？体验过人工智能应用吗？<br>2．展示图片并提问：对于图片上的人工智能产品和应用，你们了解吗？一起来给它们分分类。<br>3．介绍人工智能的三大应用领域：智能穿戴、智能出行和智能家居。<br>4．提问：关于智能出行，你知道些什么？<br>5．介绍全球四大卫星导航系统和常用的导航App。<br>6．利用导航App让学生感受智慧出行的魅力。<br>7．提问：除了这三个领域的应用，你还知道人工智能在其他领域的应用吗？<br>8．介绍智慧物流和虚拟客服。播放有关智慧物流的视频，让学生通过拨打10086来体验虚拟客服。 | 1．说出在生活中体验人工智能应用的经历。<br>2．在白板上为人工智能产品和应用分类。<br>3．说出自己所了解的有关智能出行的知识。<br>4．通过导航地图，了解从鄂尔多斯开车到准格尔旗最少需要的时间和最短需要走的距离。<br>5．说一说人工智能在其他领域的应用。 |

**活动意图说明**：通过对知识分类、观看视频等学习活动，让学生了解人工智能给生活带来的便利。

**环节三：新知学习——了解人工智能的相关技术并进行体验（17min）**

| 教师活动3 | 学生活动3 |
|---|---|
| 1．提问：你了解小度这样的智能产品是如何实现操作的吗？<br>2．通过播放视频介绍语音识别、人脸识别和图像识别技术，让学生体验人工智能的交互过程。 | 1．试着回答教师提出的问题。<br>2．（1）观看视频。<br>（2）现场呼叫手机助手，并向其发送指令。<br>（3）通过面部识别尝试解锁教师的手机，感受面部识别的精准性。<br>（4）通过体验图像识别的手机应用，感受图像识别的强大功能。 |

**活动意图说明**：让学生通过不同情境感受人工智能的交互过程。

(续表)

| 课时教学设计 |||
|---|---|---|
| 环节四：拓展与总结（5min） |||
| 教师活动 4<br>1．提问：通过本节课的学习，你有哪些收获？<br>2．提问：你认为人工智能在未来会取代人类吗？<br>3．人工智能在生活中随处可见，也让我们的生活更便利。同学们要合理、规范地使用它们。 || 学生活动 4<br>1．说出本节课的收获。<br>2．表达自己的学习感悟。 |
| 活动意图说明：巩固本节课的知识要点，为下节课做铺垫。 |||

8．课时教学板书设计

感知智能生活<br>智慧出行、语音识别、人脸识别、图像识别<br>便利

9．课时作业设计

利用导航 App 规划从鄂尔多斯开车到北京用时最少且路径最短的路线。

10．课时教学反思（实施后填写）

# 第 4 课时　我为家乡代言

| 课时教学设计 ||
|---|---|
| 单元名称 | 在线学习与生活 |
| 第 4 课时 | 我为家乡代言 |
| 1．课时教材分析　　根据整体的学习安排，本节课前，学生已基本掌握了制作 WPS 演示文稿的完整流程，并根据自主选择的宣传角度，完成了对家乡某一方面的调查报告。本节课学习利用数字化手段宣传家乡的方法，培养学生的数字化应用与创新能力。 ||
| 2．课时学情分析　　技术层面：需要学生学会根据自己的宣传主题将图文进行合理搭配。　　认知层面：学生对家乡的了解不够深入，需要细致地完成前期必要的资料收集，认真准备关于家乡的宣传演示文稿，通过与教师的沟通合作，完成本节课的学习任务。 ||
| 3．课时学习重点　　完成自己预选宣传主题的演示文稿，并能结合文稿宣传自己的家乡，说出家乡的美。 ||
| 4．课时学习难点　　能巧妙地用数字化手段宣传家乡。 ||
| 5．开放性学习环境　　（1）机房环境配置：教师机、学生机、屏幕。　　（2）其他软硬件工具：WPS。 ||
| 6．课时学习目标　　（1）借助信息科技进行多媒体作品创作。　　（2）在展示自己作品的同时，能够结合作品说出家乡"美在哪里"，培养对祖国和家乡的热爱之情。 ||
| 7．课时教学过程 ||
| 教师活动 | 学生活动 |
| 环节一：新课导入（3min） ||
| 教师活动 1　　本节课我们将根据已经收集到的家乡信息，用数字化的形式展示家乡的美。 | 学生活动 1　　认真听讲并思考。 |
| 活动意图说明：做好铺垫，激发学生的探究欲望。 ||
| 环节二：说家乡（2min） ||
| 教师活动 2　　鼓励学生举手发言，大声、大方、细致地汇报自己的调查报告。 | 学生活动 2　　1．根据自己的调查报告，说说家乡美在哪里。 |

(续表)

## 课时教学设计

| | |
|---|---|
| 学生已经完成了对家乡宣传文稿的梳理，让他们说出自己的家乡美在哪里。 | 2．倾听其他同学调查到的信息，补充完善自己的调查报告。 |

**活动意图说明**：通过语言叙述，厘清家乡具体美在哪里，为下一个环节做铺垫。

**环节三：用数字化手段宣传家乡（15min）**

| 教师活动3 | 学生活动3 |
|---|---|
| 提问：同学们，除了口述，还有没有更好的方式宣传我们的家乡呢？<br>前面我们学习了用WPS演示文稿来创作图文内容，请根据自己的调查报告，利用WPS等工具，创作宣传家乡的数字化作品。<br>在制作之前，我们梳理一下宣传作品的制作要求。<br>确立标准：<br>① 每个作品只选定一个主题。<br>② 制作每张幻灯片时，需要以收集到的资料为依据来进行图文搭配。<br>③ 有主标题页，最少有2张幻灯片来展示自己的调查内容。<br>④ 图片和文字的排版要合理。<br>⑤ 最好有艺术字等美化效果。 | 1．根据调查报告确定宣传作品的主题。<br>2．制作精美的标题页（主标题、副标题等）。<br>3．制作正文内容（图片、文字等）。 |

**活动意图说明**：通过制作宣传作品，让学生进一步了解家乡的同时，培养数字化创新能力和创造性思维。

**环节四：再说家乡美（20min）**

| 教师活动4 | 学生活动4 |
|---|---|
| 由于同学们才接触WPS这类工具，老师特别能理解你们的急切心情。就像有的同学可能会说，"我好想制作出一个好的特效，但是我还没学到相对应的操作方法"。我们将利用大单元学习的补充课时来完善作品。<br>让我们结合自己的调查报告和宣传作品，再次为我们的家乡做一次完整的宣传。 | 举手上台讲解。要求如下：<br>① 能配合调查报告和宣传作品进行讲解。讲解要具体，即对每张幻灯片或者图片进行解说。<br>② 大声、大方、细致地解说。<br>例如：讲到特色美食时需要说一说自己是否食用过，味道如何等。 |

**活动意图说明**：总结与巩固。

（续表）

| 课时教学设计 |
|---|
| 8．课时教学板书设计<br>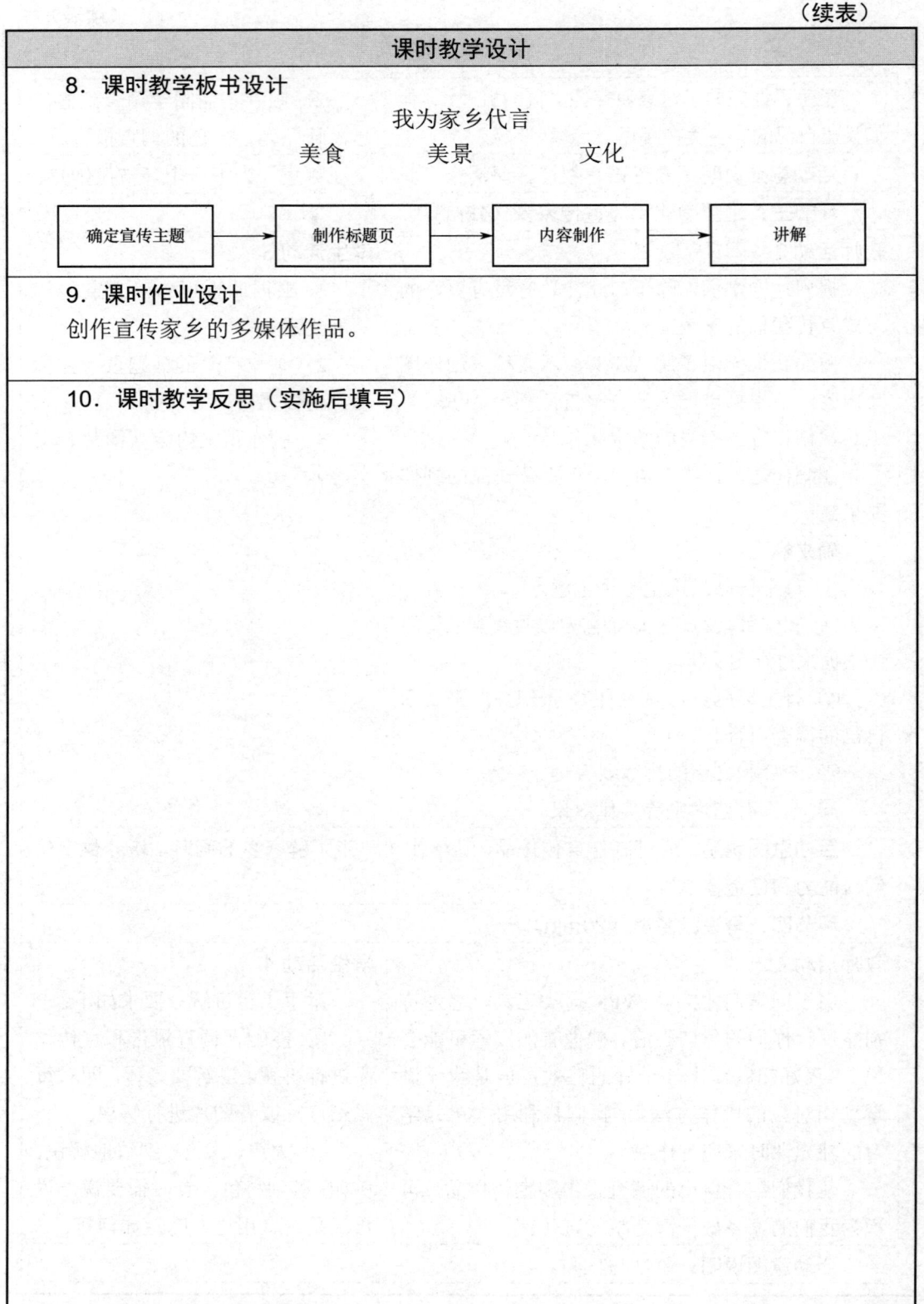 |
| 9．课时作业设计<br>创作宣传家乡的多媒体作品。 |
| 10．课时教学反思（实施后填写） |

# 第5课时 视频初级编辑

| 课时教学设计 ||
|---|---|
| 单元名称 | 在线学习与生活 |
| 第5课时 | 视频初级编辑 |
| \multicolumn{2}{l}{**1．课时教材分析**<br>　　本节课以信息科技课程四大核心素养中的"数字化学习与创新"和"计算思维"为抓手，基于义务教育信息科技课程标准六条逻辑主线中的"信息处理"和第二学段中的"在线学习与生活"模块进行课程内容的设计与组织，旨在让学生了解制作视频的基本流程，经历视频处理的过程，体验视频经过处理后的优化效果，并掌握视频处理软件的基本操作方法。<br>　　本节课的教学内容符合《课程标准》中对第二学段三年级的内容要求（4）：根据学习、生活中的任务情境，使用适当的在线平台获取文字、图片、音频与视频等资源，设计、创作简单作品。} ||
| \multicolumn{2}{l}{**2．课时学情分析**<br>　　本节课的授课对象为小学三年级的学生。三年级的学生具有强烈的好奇心和求知欲，课堂氛围较好，学生积极性也较高，但学生的专注力和自我管理能力较弱，因此需要教师在课堂纪律和调动学生兴趣方面下功夫，设计一些能够吸引学生的课堂活动。<br>　　本节课是学习使用视频编辑软件的第一节课，旨在让学生了解制作一个完整视频的基本流程，了解有哪些视频编辑软件，并学习如何使用它们。学生将掌握视频编辑软件的基本操作方法，包括剪裁视频、添加滤镜等特效。这个年级的学生以形象思维为主，乐于动手实践，因此需要将知识学习融入活动体验，通过"做中学"和"用中学"来逐步加深理解。} ||
| \multicolumn{2}{l}{**3．课时学习重点**<br>了解制作视频的流程。} ||
| \multicolumn{2}{l}{**4．课时学习难点**<br>掌握视频编辑软件中的基本操作，并能制作一个完整的作品。} ||
| \multicolumn{2}{l}{**5．开放性学习环境**<br>（1）机房环境配置：教师机、学生机、屏幕、白板。<br>（2）其他软硬件工具：视频编辑软件。} ||
| \multicolumn{2}{l}{**6．课时学习目标**<br>（1）了解制作视频的一般流程。<br>（2）掌握在视频编辑软件中对视频进行剪裁、合并的方法。<br>（3）学会给视频添加滤镜、贴纸等特效。} ||

（续表）

| 课时教学设计 ||
|---|---|
| 7. 课时教学过程 ||
| 教师活动 | 学生活动 |
| **环节一：新课导入（3min）** ||
| 教师活动 1<br>1．播放未经任何后期制作的视频。<br>2．创设情境：<br>老师在微信视频号里发了一个视频，但是点赞量很低，让学生分析一下，为什么视频点赞量低，并思考如何制作一个让更多人喜欢的视频。<br>3．明确项目主题：<br>以小组为单位，每个小组制作一个视频，将作品发到教师的视频号上，让学校的老师来点赞，看看哪个小组的作品最受老师们喜欢。 | 学生活动 1<br>1．认真观看视频，观察这个视频和平时看到的视频的不同之处。<br>2．跟随教师进入情境，积极思考如何才能制作受欢迎的视频。<br>3．了解项目目标，同时了解作品的评比方式。 |
| **活动意图说明：** 以微信视频号创设情境，更加贴近学生生活，从而让学生产生共鸣，以小组比赛的形式进行最后项目的评价，能够激发学生的学习积极性。 ||
| **环节二：前期准备（15min）** ||
| 教师活动 2<br>1．提问：思考一个受欢迎的视频应该具备哪些必要因素。<br>组织小组活动：让学生用 5 分钟时间思考并完成电子学习单上的思维导图（可以先在网络上寻找点赞量高的视频观看，然后总结其优点）。<br>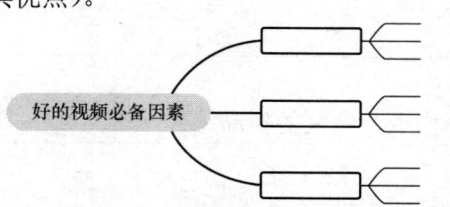<br>选取学生代表进行分享，并总结共性因素，进行板书。<br>2．发布任务：根据前面总结的因素，确定视频制作流程。<br>组织小组活动：让学生用 3 分钟时间在电子学习单上绘制视频制作流程图。<br> | 学生活动 2<br>1．小组思考并讨论一个受欢迎的视频应该具备的必要因素。<br>2．由一位同学记录讨论结果，并补全学习单上的思维导图。<br>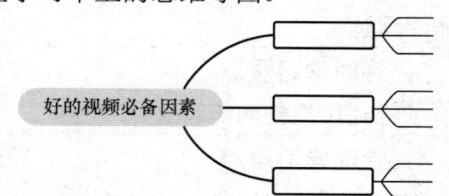<br>3．认真聆听其他小组总结的因素，根据教师板书完善思维导图。<br>4．小组思考并讨论制作视频的流程。<br><br>5．在学习单上绘制视频制作流程图。<br>6．认真聆听其他小组总结的流程，根据教师板书完善自己的流程图。 |

（续表）

| 课时教学设计 ||
|---|---|
| 选取学生代表进行分享，并总结制作流程。<br>3．确定本次项目的学习内容：<br>把提前拍摄好的视频素材发送给学生，让学生对视频进行后期剪辑。<br>4．引导学生在网络上搜索视频编辑软件。<br>5．提问：你们认为一个视频编辑软件对视频应该能进行哪些加工呢？ | 7．利用网络了解多种视频编辑软件。<br>8．积极思考能对视频进行的加工并举手作答。<br>预设回答1：加滤镜、特效；<br>预设回答2：加背景音乐；<br>预设回答3：对视频进行剪裁和合并。 |
| 活动意图说明：通过层层递进的问题让学生了解制作视频的方法及后期剪辑的重要性；以小组的形式进行讨论，增强学生的团队协作能力和分析问题的能力。 ||
| **环节三：探索视频剪辑（20min）** ||
| 教师活动3<br>组织小组活动：利用已有的视频素材，让学生先对视频进行剪裁、合并，再给视频添加特效，小组之间可以互相帮助，探讨遇到的问题。15分钟后，教师查看各组情况，并对共性问题进行讲解。<br>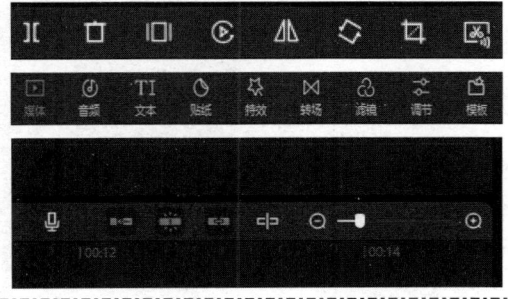 | 学生活动3<br>1．探究视频编辑软件界面上的功能区及各功能区包含的功能。<br>2．探究如何导入视频和图片素材。<br>3．探究如何对视频进行剪裁、合并。<br>4．探究用视频编辑软件可以实现哪些特效，以及如何实现。<br>5．记录在视频剪辑过程中遇到的问题。 |
| 活动意图说明：学生通过自主探究与实践，以及教师的讲解，掌握剪裁、合并视频的技能，以及添加滤镜等效果的操作方法，收获自己加工视频的成就感。 ||
| **环节四：小结点评（2min）** ||
| 教师活动4<br>1．提问：你这节课学到了什么？<br>2．引导学生在选取素材时遵守网络道德规范，未经他人允许不可以使用他人的照片与摄像作品。 | 学生活动4<br>1．思考本节课的知识点与实践过程；<br>2．初步形成他人著作权不可侵犯的意识。 |

| 课时教学设计 |
|---|
| 活动意图说明：巩固本节课的基本操作，为下节课对视频做精细加工奠定坚实的基础，培养学生的信息社会责任。 |
| 8．课时教学板书设计<br>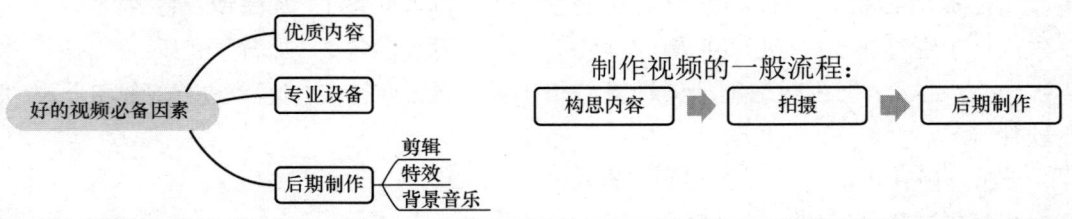 |
| 9．课时作业设计<br>　　完成以下任务：了解视频编辑软件的各个功能区的作用；能够导入视频和图片素材；会使用视频编辑软件对视频进行剪裁、合并；会给视频添加滤镜等效果以美化视频。 |
| 10．课时教学反思（实施后填写） |

# 第 2 单元　获取与体验在线资源

在三年级上学期规划的第二单元的教学内容，其主要目标是引导学生积极获取并深入体验丰富多彩的在线资源，为他们打开数字化世界的大门，拓宽他们的视野和知识面。本单元主要围绕信息意识、数字化学习与创新和信息社会责任等核心素养的培养目标进行开展。单元分为 2 课时，分别是"分类整理资源"和"体验在线生活"，课时之间在内容上既相互补充，又层层递进。第 1 课时让学生学习和掌握资源整理的基本技能；第 2 课时是对这些技能的进一步应用和提升，让学生通过在线学习的形式，从实践中深化对数字世界的理解，体现了学习内容与素养培育的衔接、递进。

## 第 1 课时　分类整理资源

| 课时教学设计 ||
|---|---|
| 单元名称 | 获取与体验在线资源 |
| 第 1 课时 | 分类整理资源 |
| 1. 课时教材分析 ||
| 本单元要求学生能够进行在线学习，并且能够下载在线平台中相关的文字、图片、音频和视频素材。在素材下载完成后，学生应知道如何查看这些资源，并能对它们进行分类整理。通过建立文件夹，他们可以将在线平台中获取的文字、图片、音频与视频等资源分类保存。 ||
| 2. 课时学情分析 ||
| 三年级是从低年级向高年级过渡的关键期，学生需要适应知识内容、思维方式及学习方法的转变，这是小学教育中一个相当重要的发展阶段。尽管学生对信息科技充满兴趣，但是在这一阶段他们往往贪玩好动，注意力不集中，缺少认真、严谨、踏实、不怕困难的精神。由于本学期刚刚接触信息科技课程，学生的基本操作并不熟练，对信息科技的基本理念也不了解，还需要在摸索中学习，所以授课内容需要结合学生的实际生活，采用易于理解和接受的教学与表达方式。 ||
| 3. 课时学习重点 ||
| 文件夹的创建与使用，分类保存数据资源的方法。 ||
| 4. 课时学习难点 ||
| 学会科学地管理文件与文件夹。 ||

（续表）

| 课时教学设计 |
|---|

**5．开放性学习环境**

（1）机房环境配置：教师机、学生机、屏幕、白板。

（2）其他软硬件工具：电子教室。

**6．课时学习目标**

（1）理解文件、文件夹的概念及其命名规则。

（2）结合生活实际，比如将整理自己的书包作为类比，理解并运用计算机中的复制、粘贴、剪切的功能，对文件和文件夹进行分类整理。

**7．课时教学过程**

| 教师活动 | 学生活动 |
|---|---|
| 环节一：新课导入（5min） | |
| **教师活动1**<br>　　提问：将小红和小明的文件夹做对比，谁的文件夹里的文件更整齐有序呢？怎么才能使文件夹里的文件整齐有序呢？ | **学生活动1**<br>　1．了解整理文件夹的意义。<br>　2．认真听讲，积极思考并作答。 |
| **活动意图说明**：通过创设情境，激发学生的学习兴趣，使他们认识到整理文件夹的重要性。通过建立文件夹来规范管理各种资源文件，提高资源的利用率。 ||
| 环节二：新知学习（25min） | |
| **教师活动2**<br>　　一、课程导入<br>　　同学们，我们一起来整理一下老师的文件夹。<br>　　二、新课讲授<br>　　1．提问：同学们，我们如何给文件分类呢？<br>　　教师点评学生的回答，学生根据不同的分类方法整理文件，在理即可。<br>　　2．提问：观察文件，你发现了什么？<br>　　不同的文件类型用不同的图标，有不同的后缀，我们可以新建多个文件夹，便于分类整理。<br>　　3．视频展示：创建文件夹的方法<br>　　通过单击鼠标右键，在弹出的快捷菜单中选择"新建—文件夹"，文件夹的命名要有一定的意义。 | **学生活动2**<br>　1．说一说如何给文件分类：可以依据用途、内容或类型等标准，建立不同的文件夹来分类存放资源文件，这有助于更好地保护和管理资源，实现资源的高效共享。<br>　2．通过观察不同的文件，说一说自己的发现：不同的文件类型有不同的后缀名。<br>　3．观看视频并操作，创建文件夹。<br>　4．通过复制、粘贴和剪切等操作对资源文件进行分类整理。优秀学生示范具体的操作流程，其他学生在观看演示后根据自己的偏好来整理自己的文件夹。<br>　5．为文件夹命名。 |

(续表)

| 课时教学设计 ||
|---|---|
| 4．资源整理<br>　　按照一定的规则，通过复制、粘贴、剪切等操作，将资源文件分门别类地放入对应的文件夹，完成分类整理，方便资源的查找，提高学习效率。<br>　　5．将资源文件整理完成后，需要给文件夹重新命名，使文件夹的使用更方便。 | |
| **活动意图说明**：通过对文件的分类整理来培养学生的整理意识。在这一过程中，学生通过观察了解到不同类型的文件具有不同的图标和后缀名，然后按照文件的用途、内容或类型来整理文件。 ||
| 环节三：巩固拓展（10min） ||
| *教师活动3*<br>　　让学生说一说，他们在资源整理的过程中遇到了哪些困难。<br>　　师生共同解决问题。 | *学生活动3*<br>　　说一说资源整理过程中遇到的困难。<br>　　1．不会命名文件夹。<br>　　2．不会使用复制、粘贴操作。<br>　　3．删除的文件到了哪里？<br>　　4．如何还原被删除的文件？ |
| **活动意图说明**：进一步巩固本节课所学内容，并提出更高的要求。学生通过小组合作的方式共同分析整理课程内容，并解决遇到的问题，使解决问题的能力得以提升。 ||
| 环节四：总结回顾（5min） ||
| *教师活动4*<br>　　让学生总结本课所学：如何分类整理资源文件。 | *学生活动4*<br>　　通过总结，梳理本节课所学知识，强化重点。展望后面课程将要学习的知识，提升学习兴趣。 |
| **活动意图说明**：巩固本节课要点，为下节课做铺垫。 ||

8．**课时教学板书设计**

分类整理资源

9．**课时作业设计**

说一说你是依据什么分类方法整理文件的。

10．**课时教学反思**（实施后填写）

# 第 2 课时 体验在线生活

| 课时教学设计 ||
|---|---|
| **单元名称** | 获取与体验在线资源 |
| **第 2 课时** | 体验在线生活 |
| **1. 课时教材分析**<br>　　本节课是项目课程的第二部分，起着承上启下的作用。本节课教学内容主要包含三个部分。一、情境引入，本课以真实情境为出发点，引导学生通过绘制在线生活完成一份鄂尔多斯市博物院网页浏览报告。通过该主题活动，学生将体验在线学习的方式，感受在线社会生活的便捷。二、项目化学习和任务驱动法的应用，在第一环节的基础上，教师引导和协助学生分析可能遇到的在线活动场景，指导学生组建小组，进行组内在线讨论，合理分配工作，并总结出更有效的操作方法和步骤。学生将积极参与讨论学习过程。三、小组成员一起讨论、协作，完成一份鄂尔多斯市博物院网页浏览报告。四、学生通过讨论，将想要了解的鄂尔多斯市博物院相关信息用图示的形式在线展示出来，然后去官网查阅有关资料，并把所获取的信息在线编辑成文，最后对整篇文章进行美化处理，感受在线协作学习的快捷与高效。 ||
| **2. 课时学情分析**<br>　　三年级的学生在数字时代中成长，他们的日常生活与"在线"和"数字化"密不可分，他们对计算机、网络的学习兴趣浓厚，有非常强烈的学习意愿。在之前的课程阶段，学生已经初步感受到在线社会对日常生活的影响，并掌握了基本的在线技能。然而，他们在计算机使用、文字输入等方面的能力仍然有待提高。因此，教师要关注学生的真实生活经验，引导学生从过往使用数字设备的经验中掌握"有用"的思想方法，并适时提供相应的学习支架，以保证本节课的正常开展。 ||
| **3. 课时学习重点**<br>　　了解在线生活的形式。 ||
| **4. 课时学习难点**<br>　　掌握对作品进行美化的方法。 ||
| **5. 开放性学习环境**<br>　　（1）机房环境配置：教师机、学生机、屏幕、白板。<br>　　（2）其他软硬件工具：浏览器、慧编程。 ||
| **6. 课时学习目标**<br>　　（1）掌握在线协作学习的方法。<br>　　（2）运用多种方法美化作品。 ||

(续表)

| 课时教学设计 ||
|---|---|
| 7. 课时教学过程 ||
| 教师活动 | 学生活动 |
| **环节一：新课导入（3min）** ||
| 教师活动1<br>1．点明目标<br>现在是信息化社会，网络技术已经成为我们生活中不可或缺的一部分。我们可以在线购物、聊天、学习、看电影，等等。那么，如何更好地享受在线生活呢？今天我们一起探讨一下在线生活的形式与美化作品的方法。<br>2．抛出问题<br>出示一些鄂尔多斯市博物院的图片并提问：<br>（1）你对鄂尔多斯市博物院了解多少？<br>（2）除此之外，你还想了解关于鄂尔多斯市博物院的哪些信息？<br>3．出示主题<br>完成一份鄂尔多斯市博物院官网的浏览报告。 | 学生活动1<br>1．自由发言，分享自己对于在线生活的看法和体验，比如，平时喜欢在线做什么？在线对于自己的生活有什么影响？<br>2．说一说对鄂尔多斯市博物院的了解，将想了解的信息写在学案上。<br>3．明确学习目标，确定主要学习方向，让学生有意识地关注本节课的相关内容。 |
| **活动意图说明**：通过自由发言的方式，让教师了解学生对于在线生活的基本认知。通过出示鄂尔多斯市博物院的相关信息，吸引学生的兴趣，引导学生进入本堂课的主题。 ||
| **环节二：新知学习（16min）** ||
| 教师活动2<br>1．讨论<br>大家都有想要了解的东西，我们如何将想要了解的内容更方便、快捷地整合到一起。<br>播放视频：《描述在线生活的形式》。<br>板书课题——体验在线生活。<br>2．用图示展示在线生活<br>让学生以小组为单位，在在线文档中用图示的形式画出想要了解的关于鄂尔多斯市博物院的信息。 | 学生活动2<br>1．观看视频，了解有关在线生活的内容及在线生活的优势。<br>2．与同学讨论：为什么我们能多人同时编辑一个文档？<br>3．将组内同学想要了解的内容整合到一起。 |

(续表)

## 课时教学设计

**活动意图说明：** 培养学生的思维能力，让学生能够理解图示的作用。同时感受多人在线协作编辑的便利，培养学生的数字化学习与创新能力。

### 环节三：知识实践与拓展（18min）

| 教师活动3 | 学生活动3 |
| --- | --- |
| 1．让学生在鄂尔多斯市博物院的官网上查询想要了解的信息。<br>让学生利用在线文档进行小组协作，找到想要了解的问题的答案，并写上自己参与线上活动的感受。<br>2．引导学生使用文档工具栏中的工具美化文档。<br>以社交媒体为例，介绍一些美化作品的基本技巧：①适当运用表情符号和图片；②分段式表达，让信息更加清晰易懂；③使用简洁的语言，避免过于复杂的表述；④突出重点信息，用粗体或者斜体强调关键词；⑤适当的排版，让整体看起来更舒适美观。 | 1．按要求完成信息查询并在线编辑文档。<br>2．小组协作，美化文档，以小组为单位，完成一份鄂尔多斯市博物院官网的浏览报告。 |

**活动意图说明：** 培养学生的信息获取能力和数字化学习与创新能力。

### 环节四：小结点评（3min）

| 教师活动4 | 学生活动4 |
| --- | --- |
| 1．作品展示<br>展示学生作品，让学生分享自己的学习心得。<br>2．点评学生作品。 | 跟随教师进行课堂小结，并与同学分享心得、交流收获，巩固所学。 |

**活动意图说明：** 让学生对本节课的内容有一个系统的认识，并能够在未来更有效地运用在线学习这一学习方式。

8．课时教学板书设计

9．课时作业设计
让学生将本节课的学习成果保存到各自的U盘中。

10．课时教学反思（实施后填写）

# 第 3 单元　数据与编码

在四年级设置"数据与编码"的内容，主要是让学生理解数据与编码之间的关系，从编码的信息量、编码长度、编码的呈现方式等多种角度理解编码的目的及其重要性，最终理解数据之间的内在联系。

本单元在培养信息意识方面，让学生了解数据的作用与价值，知道数据编码的作用与意义，理解数据编码是保持信息社会组织与秩序的科学基础。在培养计算思维方面，让学生体验信息在存储和传输过程中所必需的编码及解码步骤、根据需要来组织与分析数据、用可视化方式呈现数据之间的关系及支撑所形成的观点。在培养数字化学习与创新方面，让学生借助信息科技进行简单的多媒体作品创作、展示、交流，感受应用信息科技的优势。在培养信息社会责任方面，让学生了解威胁数据安全的因素，并能在学习、生活中采用正确的防护措施，最终达到提高学生核心素养的目标。

单元分为 3 个课时，分别为初识信息、走近身边的数据、身边的编码，课时内容层层递进。

## 第 1 课时　初识信息

| 课时教学设计 ||
|---|---|
| 单元名称 | 数据与编码 |
| 第 1 课时 | 初识信息 |

**1. 课时教材分析**

在 2022 版的《课程标准》中对培养学生的信息意识及信息社会责任有了更高的要求，本节课通过让学生了解什么是信息，信息收集、传递、存储、处理的工具都有哪些，以及信息科技的应用及其在生活中的重要性，培养学生的信息素养、信息意识和信息社会责任，使学生提高自我保护意识和能力，特别是对信息安全的学习，培养学生辨别网络信息真伪的意识，为后续开展在线学习与生活提供有力的安全保障。

(续表)

| 课时教学设计 |
|---|
| 2．课时学情分析<br>　　在信息社会，信息意识及信息社会责任对于新时代的数字公民尤为重要。具有信息意识的学生，善于利用信息科技交流和分享信息、开展协同创新，能根据问题解决的需要，评估数据来源，辨别数据的可靠性和时效性，数据安全意识较强。然而四年级的学生刚开始接触大量的网络信息，对网络充满好奇，但是信息安全的意识比较薄弱，信息意识与素养较低。 |
| 3．课时学习难点<br>　　（1）信息的重要特征及常见的信息处理工具。<br>　　（2）信息技术的应用在生活中的重要性。<br>　　（3）辨别信息真伪的意识。 |
| 4．开放性学习环境<br>　　（1）机房环境配置：教师机、学生机、屏幕。<br>　　（2）其他软硬件工具：电子教室。 |
| 5．课时学习目标<br>　　（1）了解信息的定义及常见的信息处理工具。<br>　　（2）理解信息的重要特征及信息技术在生活中的重要作用。<br>　　（3）能够处理信息，辨别信息的真伪。<br>　　（4）正确使用信息。 |
| 6．课时教学过程 |

| 教师活动 | 学生活动 |
|---|---|
| 环节一：教学导入（5min） | |
| 教师活动1<br>　　提问：同学们，在上课前，我们先来观察一组图片，说一说通过这组图片我们获得了什么信息。<br>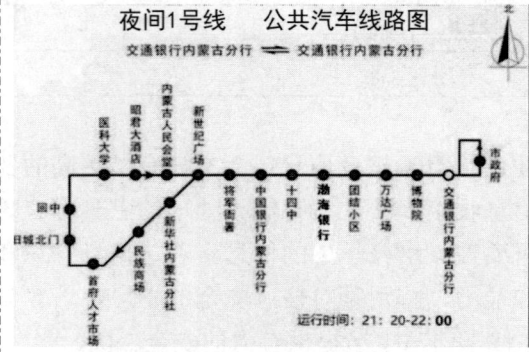 | 学生活动1<br>　　观察教师展示的图片，说一说自己观察到的信息。 |

(续表)

| 课时教学设计 ||
|---|---|
| [天气预报图片] | |

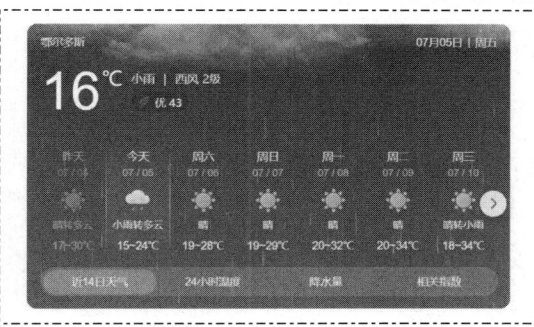

活动意图说明：通过让学生观察一组与学生生活相关的图片，引入信息的概念，让抽象的问题具象化，激发学生的学习兴趣。

**环节二：课程授新：无处不在的信息（5min）**

| 教师活动2 | 学生活动2 |
|---|---|
| 讲解：同学们都找到了图片中隐含的信息，很棒！有句诗叫"春江水暖鸭先知"，意思是说当我们看到江水中的鸭子就知道春天来了，信息无处不在，无时不有。自然界的一草一木、书本里的文字和图片、电视节目、街上的广告牌，都向我们传递着丰富多彩的信息，通过接收这些信息，我们可以学习到很多知识与技能。<br><br>提问：除了接收信息外，我们每天也在传递大量的信息。请说一说，我们都通过哪些方式传递信息呢？最近你从父母、同学那里接收到了哪些信息？同时又给他们传递了哪些信息？ | 认真听讲，了解什么是信息。<br><br>认真听讲，并回答教师问题，说一说信息传递的方式（打电话、小组讨论、网上聊天等），分享最近接收和传递的信息。 |

活动意图说明：在了解了信息的概念后，让学生分享自己最近收到的信息，并分析信息的传递方式，让学生在讨论与分享中对信息的传递方式有一个初步的认识。

**环节三：课程授新：信息的重要特征（10min）**

| 教师活动3 | 学生活动3 |
|---|---|
| 组织学生玩"传声筒"的游戏，看看哪一组同学传的信息又快又准。<br>1组：在纸上写上"信息无处不在，无时不有"并进行传递。<br>2组：悄声告诉第一位学生"信息无处不在，无时不有"并由第一位学生告诉第二位学生，依次向后传递。 | 认真听讲，配合教师完成游戏。<br>认真听讲，明确游戏规则！<br>回答教师的问题。<br>认真听讲，了解信息的表现形式。<br>认真听讲，了解信息的两个特性：可传递、可共享。 |

（续表）

## 课时教学设计

| | |
|---|---|
| 3 组：出示图片，图片内容是"信息无处不在，无时不有"，并传递。<br>4 组：播放视频，视频内容是"信息无处不在，无时不有"。<br>　　**游戏规则**：每一组第一位组员确认要传递的信息，待老师说"开始"后向后依次传递，最后一位组员将得到的信息内容写在纸上并举手！要求学生全程保持安静。<br>　　**提问**：请小组成员说一说信息的表现形式有哪些？<br>　　**讲解**：同学们说得真棒，我们通过刚才的游戏知道信息虽然是无形的，但可以通过文字、声音、图片、视频等形式表现出来，知道同一种信息可以用不同的形式表现出来。<br>　　信息是可以传递的，所以我们可以通过互相交流获得信息，信息又是可以共享的，不会因为共享而减少。 | |
| **活动意图说明**：让学生在游戏的过程中体验信息的可传递性和可分享性，通过不同的方式对信息进行传递，让学生明白，信息可以以文字、声音、图片、视频等形式表现出来。 | |
| **环节四：课程授新：常见的信息处理工具（5min）** | |
| **教师活动 4**<br>　　了解了信息的相关内容后，我们来学习一些常见的信息处理工具。<br>　　1．收集信息的工具：相机、麦克风。<br>　　2．传递信息的工具：电话、手机。<br>　　3．存储信息的工具：U 盘、硬盘。<br>　　4．处理信息的工具：计算机。 | **学生活动 4**<br>　　讨论并认真听讲，了解收集、传递、存储、处理信息的工具。 |
| **活动意图说明**：通过让学生了解收集、传递、存储、处理信息的工具，培养学生对信息的感知力，让学生熟悉信息及信息呈现与传递的方式，启发学生运用信息科技交流和分享信息。 | |

第 3 单元　数据与编码

(续表)

## 课时教学设计

**环节五：课程授新：信息科技的应用（10min）**

| 教师活动 5 | 学生活动 5 |
|---|---|
| 提问：通过学习我们知道，信息科技是获取、处理、存储信息的技术，那么信息在生活中又有哪些应用呢？<br><br>提问：同学们，请观察下图，很多场所的出入口都安装了这种门，这种门有什么特点？<br><br>讲解：同学们说得真好，当有人靠近时，门就会自动打开，这是因为门使用了传感技术，传感技术可以自动获取信息。<br><br>同学们，请观察下图，图片中的通信卫星使用了什么技术呢？通信卫星大大增强了人传递信息的能力。人们利用手机等通信设备随时可以联络世界各地的朋友；利用通信卫星，人们可以观看不同的电视节目。 | 认真听讲，了解信息科技的概念。<br>观察图片，回答教师的问题（人靠近，门就会自动打开）<br>认真听讲，了解什么是传感技术。<br>观察图片，认真听讲，了解什么是通信技术。<br>观察图片，认真听讲，了解什么是计算机技术。<br>观察图片，认真听讲，了解什么是微电子技术。<br>认真听讲，完成游戏内容！ |

· 27 ·

(续表)

| 课时教学设计 |
|---|

请观察图片，图中的机器人使用了计算机技术，该技术仿真了人脑的功能，人们可以利用计算机在短时间内精确地完成复杂的信息处理任务。

请观察图片，图中的芯片使用了微电子技术，微电子技术的主要特征是电子器件和电路的微型化，这样有助于缩小电子产品的尺寸、降低功耗、提高其可靠性！

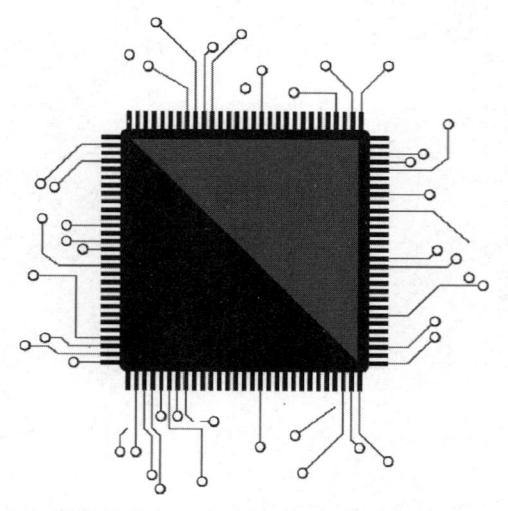

我相信，同学们对信息科技的应用有了一定的认识，现在让我们做个小游戏来测试一下吧！

**活动意图说明**：通过对实物的分析，让学生对信息科技的应用有一个深入的认识，启发学生思考我们还可以应用信息科技解决生活中的哪些问题，从而培养学生崇尚科学的精神，引导他们将创新理念融入自身学习与生活。

| 课时教学设计 |
|---|

| 环节六：课程授新：增强信息安全意识（5min） | |
|---|---|
| **教师活动6**<br>　　我们知道，信息有着重要的作用，它可以帮助人们认识事物、高效决策并有效地解决问题。现在请同学们观看一则新闻视频。<br>　　通过视频我们知道，我们身边存在一些虚假、错误、消极的不良信息，这些信息会给同学们的健康成长带来负面影响。所以同学们需要在老师和父母的指导下，提高辨别信息真伪的能力，抵制不良信息。 | 　　认真听讲，明白自己要提高辨别信息真伪的能力，抵制不良信息。 |
| **活动意图说明**：以视频的形式向学生展示身边存在的信息欺诈事件，增强学生的信息安全意识，让学生能够辨别信息的真伪，培养学生的社会责任。 | |

| 7．课时教学板书设计 |
|---|
| 初识信息<br>信息处理工具：收集　传递　存储　处理<br>信息技术的应用：传感技术　通信技术　计算机技术　微电子技术 |

| 8．课时作业设计 |
|---|

| 9．课时教学反思（实施后填写） |
|---|

# 第 2 课时 走近身边的数据

| 课时教学设计 | |
|---|---|
| 单元名称 | 数据与编码 |
| 第 2 课时 | 走近身边的数据 |

**1．课时教材分析**

在信息社会，每时每刻都会产生大量的数据。人们期望能够利用这些数据提高生产效率，改善生活质量。在信息科技教学中，数据是新课程标准下第四模块“数据与编码”的重要学习内容之一，同时也是信息科技课程中的六条逻辑主线之一。本节课旨在引导学生初步了解身边的数据。通过本节课的学习，学生将了解到计算机中存储着不同类型的数据，了解不同类型的数据文件具有不同的扩展名。

**2．课时学情分析**

本节课以学习理论知识为主，在后半部分关于文件扩展名的学习，会需要动手操作，对学生而言是一个挑战。另外，对于四年级的学生来说，他们对信息和数据这两个概念的认识尚不清晰，不能完全明白两者之间的区别。

**3．课时学习重点**

（1）了解数据的不同类型。

（2）了解计算机中不同类型的数据文件的扩展名。

（3）了解存储在计算机中的文件的命名规则。

**4．课时学习难点**

（1）对数据和信息概念的区分。

（2）了解计算机中不同类型的数据文件的扩展名。

**5．开放性学习环境**

（1）机房环境配置：教师机、学生机。

（2）其他软硬件工具：无特殊要求。

**6．课时学习目标**

（1）通过体验典型的信息科技应用场景，感受身边无处不在的数据。

（2）认识数据在信息社会中的作用。

（3）了解几种常见的数据类型。

（4）掌握计算机中不同类型文件的扩展名。

(续表)

| 课时教学设计 ||
|---|---|
| 7．课时教学过程 ||
| 教师活动 | 学生活动 |
| **环节一：教学导入（3min）** ||
| 教师活动1<br>　　提问：同学们出去旅游时在购买车票和住宿时都需要哪些数据？<br>　　出示身份证的图片。<br>　　提问：身份证在我们出行过程中非常重要。同学们，现在请仔细观察一下，我们的身份证中都包含了哪些信息呢？ | 学生活动1<br>　　认真听讲，回答问题：身份证，在购买火车票、办理酒店住宿的时候都会用到。<br>　　认真观察教师出示的身份证图片。<br>　　问题回答：居民身份号码、本人照片、出生日期、民族等。 |
| 活动意图说明：以身边常见的事物引入数据的类型这一新知识，让学生更容易理解。 ||
| **环节二：课程授新：了解身边常见的数据类型（10min）** ||
| 教师活动2<br>　　提问：身份证上有这么多数据，这些数据分别属于哪种数据类型？<br>　　对于文字，我们可以把它们归类为"文本"类型，照片则属于"图像"类型；我们在身份证上找到了这两种类型的数据。现在给大家两分钟的时间，请你和同桌讨论一下我们身边还有哪些类型的数据。<br>　　让学生分享自己身边常见的数据类型。<br>活动方案1<br>　　同学们都很棒，又发现了我们身边的其他类型的数据，使用社交软件在聊天时发送的语音及我们在日常生活中听到的声音，这些都属于"音频"类型；而经常观看的视频则属于"视频"类型。<br>　　活动方案2（引导学生）<br>　　提问：可能同学们对于数据的概念还很模糊，其实我们在日常的学习和生活中接触过各种类型的数据。想一想，学校播放的宣传片属于哪一种类型的数据？ | 学生活动2<br>　　认真听讲，了解身份证上的三种类型的数据。<br>　　与同桌讨论身边的数据类型。<br>　　方案1：认真听讲，参与讨论。<br>　　方案2：认真听讲，回答问题。<br>　　认真听讲，了解身边常见的数据类型：文本、图像、音频、视频。<br>　　认真听讲，完成教师布置的任务。 |

(续表)

## 课时教学设计

| | |
|---|---|
| 除了视频，还有一种经常使用的数据类型。我们在使用聊天软件聊天时，经常会给对方发语音消息，它又是什么数据类型呢？<br>　　原来在我们身边有多种类型的数据，最常见的有文本、图像、音频、视频等。<br>　　了解了我们身边常见的数据类型后，现在请同学们完成任务单上的"身边数据大搜查"。 | |

**活动意图说明**：通过了解身份证上的数据类型，学生可以产生知识的横向迁移，从而找出身边常见的数据类型。

**环节三：课程授新：数据的存储（7min）**

| 教师活动3 | 学生活动3 |
|---|---|
| 　　这么多的数据，我们如何记录和保存呢？其实，从古至今，人类有不同的存储数据的方法。随着科技的进步，数据的存储方式和存储介质也发生了很大的变化。我们通过一个小视频来了解一下数据的存储方式和存储介质都经历了哪些变化吧。<br>　　播放视频：数据的存储方式和存储介质的变化。<br>　　布置练习题：数据存储介质连连看。<br>　　通过PPT展示数据存储方式和存储介质变化的时间轴，并对习题进行讲解，以加深学生的印象。<br>● 史前时期：石洞壁画。<br>● 古代：黏土板、纸草卷等。<br>● 1890年：穿孔卡片（美国人口普查）。<br>● 20世纪60年代：磁性数据存储（由磁带转变为软盘、磁盘）。<br>● 20世纪80年代：光盘。<br>● 如今：USB闪存驱动器、记忆卡。 | 　　观看视频，了解数据的存储方式和存储介质都经历了哪些变化。<br>　　完成教师布置的练习题。<br>　　认真听讲，观看教师播放的视频，核对习题答案。 |

第 3 单元　数据与编码

(续表)

| 课时教学设计 |
|---|

**活动意图说明**：数据存储方式和存储介质的发展是后续知识点的基础。通过视频的形式介绍数据存储介质的发展历程，使时间和事件更加形象化，用一种不同的方式向学生教授新知识，并通过练习等来加深学生对这一新知识的印象。

**环节四：课程授新：数据文件的扩展名**（15min）

| 教师活动 4 | 学生活动 4 |
|---|---|
| 随着科技的进步，我们选择将数据以文件的形式存储在 USB 闪存驱动器和计算机的存储设备中。我们会发现计算机中存储了大量的数据文件。那么，计算机如何区分这些不同类型的数据文件呢？让我们观察两个数据文件，看看它们之间有什么不同之处。<br><br>练习题.docx　　练习题.pptx<br><br>同学们都找到了这两个文件的不同之处。有的同学说两个文件的图标不同，这是由文件名中"."后面的不同英文导致的。那么这个英文有什么含义呢？"."和后面的英文共同构成了文件的扩展名。计算机中不同的扩展名对应不同的文件类型。<br><br>很多同学发现，一些文件名不包含扩展名。这是怎么回事呢？原来是因为扩展名被隐藏了。让文件的扩展名"现身"其实很容易，只需要打开一个文件夹，选择"查看"菜单，勾选"文件扩展名"前面的复选框即可。<br><br>让学生打开课上分发的"素材"文件夹，查看里面文件的扩展名，这些扩展名对应哪种类型的数据。请同学们完成练习"带文件扩展名回家"。 | 认真听讲，思考教师提出的问题。<br><br>回答问题：文件名中有个"."，其后面的英文不同，并且两个数据文件的图标不同。<br><br>认真听讲，了解文件扩展名的相关知识。<br><br>认真听讲，了解使隐藏的文件扩展名"现身"的方法。<br><br>认真听讲，思考教师提出的问题。尝试对文件夹中的文件按照不同的数据类型进行分类，并在任务单上将文件的扩展名记录在相应的位置上。最后，展示分类结果。<br><br>认真听讲，了解常见的数据类型对应的文件扩展名。 |

(续表)

| 课时教学设计 ||
|---|---|
| 　　对于很多文件，同学们可能不清楚它们属于何种类型，将文件一一打开，看看运行的程序是什么，再将其记录到任务单上。同学们，我们可以按照不同的数据类型将这些文件进行分类。<br>　　展示 PPT，了解数据文件的扩展名。<br>• 图像数据：JPEG、BMP、GIF；<br>• 音频数据：WAV、MP3；<br>• 视频数据：MP4、RMVB；<br>• 文本数据：TXT、DOC、PPT、XLS。 ||
| 　　**活动意图说明**：了解了数据存储介质的发展历程后，学生明白了数据文件在硬盘等存储介质中是如何被计算机分辨的，从而学习了文件扩展名的相关知识。 ||
| **环节五：课堂小结（5min）** ||
| **教师活动 5**<br>　　同学们，我们身边存在很多类型的数据，但我们很少注意和观察它们。因此，希望大家在日常生活中能多留心、多观察，做一个善于发现的人。在这一节课中，我们学习了很多知识，我相信大家也有属于自己的收获。如果你知道了我们身边都有哪些常见的数据类型，请在心里说一声"我真棒"；如果你了解了数据的存储方式和存储介质的发展历程，请给自己竖一个大拇指；如果你知道了常见的数据类型中都有哪些常见的文件扩展名，请摸摸自己的小脸蛋。最后，请你把掌声送给自己和同学。如果你对这节课还有不太明白的地方，请来找我沟通。 | **学生活动 5**<br>　　认真听讲，想一想，教师提到的知识点是否已经理解和掌握，如果掌握了，就按照教师的奖励方式给自己一个肯定吧。 |
| 　　**活动意图说明**：对这节课所讲授的知识进行总结，让学生对这节课的知识点有一个总体的回顾与思考。 ||

| 课时教学设计 |
|---|
| 8．课时教学板书设计<br>　　　　　　　　　　走近身边的数据<br>　　　常见的数据类型：文本、图像、视频、音频等<br>　　　　数据的存储：存储介质的发展<br>　　　数据文件的扩展名：文本、图像、视频、音频 |
| 9．课时作业设计 |
| 10．课时教学反思（实施后填写） |

## 第 3 课时　身边的编码

| 课时教学设计 ||
|---|---|
| 单元名称 | 数据与编码 |
| 第 3 课时 | 身边的编码 |
| \multicolumn{2}{l}{**1．课时教材分析**} ||

**1．课时教材分析**

　　通过认识和体验典型的信息科技应用场景，我们可以感受到身边无处不在的数据。本节课，我们将探索编码在日常生活中的应用，学习如何使用数字、字母或文字等编码来表示信息，理解数据编码是保持信息社会组织与秩序的科学基础。

**2．课时学情分析**

　　四年级的学生对"编码"这一概念已经有了直观的理解，他们知道或使用过学号、身份证号码、乘车码、支付码等，但对于这些编码背后的原理却鲜有关注。这个年龄段的学生主要以形象思维为主，更喜欢在动手实践或真实情境中学习，因此教学时不能简单地采用知识灌输方式。在课堂中要设计更多的互动活动，引导学生在实践中理解抽象知识，让学生在解决问题和协作探究的过程中学习新知识。

**3．课时学习重点**

　　了解使用数据编码表示信息的基本方法，能够正确选择信息，并尝试应用数据来处理信息。

**4．课时学习难点**

　　通过小组讨论的形式分析编码的方法，并进行拓展训练。

**5．开放性学习环境**

　　（1）机房环境配置：教师机、学生机、屏幕、白板。
　　（2）其他软硬件工具：浏览器、电子教室。

**6．课时学习目标**

　　（1）了解编码在生活中的应用，理解编码的意义。
　　（2）学会使用数字、字母或文字编码表示信息。
　　（3）体会数据与编码在信息社会中的作用。

**7．课时教学过程**

| 教师活动 | 学生活动 |
|---|---|
| \multicolumn{2}{c}{环节一：创设情境，引出主题（5min）} ||
| **教师活动 1**　　从入学起，每个学生都会获得一个专属的学籍号，此后无论是转学还是升学，学籍号都不会变。同样的，图书馆里的每本书、比赛中的每辆赛车也都有其专有的 | **学生活动 1**　　认真听讲，被抽到的同学上台操作。 |

第 3 单元　数据与编码

(续表)

## 课时教学设计

| | |
|---|---|
| 编号，这些编号也是编码。本节课，让我们一起来了解这些神奇的编码吧！我这里有一组电话号码，你知道这些号码分别代表什么吗？<br>　　出示课件，进入课堂互动游戏：左侧是电话号码，右侧是用户名称，将它们一一对应。<br>　　用课堂评价系统随机抽取一位同学上来试一试。<br>　　表扬上台操作的同学，并通过评价系统给予评价与奖励。 | |
| **活动意图说明**：通过对话的形式直接导入课堂主题，设计课堂互动小游戏，激发学生的学习热情。通过课堂评价系统随机抽取学生，调动学生的学习积极性，并使用该系统对学生进行评价，形成课堂的过程性评价。 ||
| **环节二：从座位号认识编码（10min）** ||
| **教师活动 2**<br>　　为了区分公共场所中的座位，设计者为每个座位都设计了唯一的座位号。例如，当我们去看电影时，会根据电影票上的座位号对号入座。座位号是按照一定的规则制定的编码，即将文字、数字或其他符号编排成规定的符号组合，将信息从一种形式转换为另一种形式。因此，给座位编号的过程也是编码的过程。<br>　　讨论与交流<br>　　1．请仔细观察电影院座位图中的座位号，它们的排列有什么规律吗？图中的座位号属于哪一类数据？请结合生活经验，说一说为什么要给座位编号，座位号有什么作用。<br>　　2．说一说座位号"501"与数字"501"有什么不同含义。<br>　　3．为什么每个座位的座位号都是唯一的？如果不给座位进行编号，人们在入座时可能会出现什么情况？<br>　　教师对学生的回答进行点评。 | **学生活动 2**<br>　　认真听讲并思考。<br>　　小组讨论<br>　　回答问题：它们的排列有规律；图中的座位号属于文本类型的数据；给座位编号，是为了方便人们找到对应的座位，有序地进行活动。<br>　　回答问题：座位号"501"表示的是第 501 号座位，表示编码的顺序，而数字"501"表示的是数值或数量。<br>　　回答问题：每个座位都必须有唯一的座位号，如果不给座位进行编码，人们在入座时将会十分混乱，出现争抢座位，没有秩序的情况。 |
| **活动意图说明**：让学生理解给座位编号的过程也是编码的过程，即将信息从一种形式转换为另一种形式。 ||

(续表)

## 课时教学设计

### 环节三：寻找生活中的编码（10min）

| 教师活动 3 | 学生活动 3 |
|---|---|
| 提问：生活中还有哪些地方运用了编码？<br>展示生活中编码的图片，如车牌号、门牌号、班牌号、邮政编码等。<br>提问：上面几幅图中的编码都包含了哪些信息？使用编码来表示信息有什么优势？这些编码在生活中起到了什么作用？遇到困难的同学可以自己上网搜索答案（及时用互联网解决问题）。<br>生活中还能找到哪些编码？请填写下表。<br><br>\| 身边的编码 \| 符号组合 \|<br>\|---\|---\|<br>\| 学籍号 \| 字母、数字 \|<br>\|  \|  \|<br>\|  \|  \|<br>\|  \|  \| | 回答问题：座位号、学号、身份证号、路牌号、门牌号、邮政编码。<br>上网搜索答案后回答：<br>我国邮政编码采用的是四级六位数编码制，即由6位阿拉伯数字组成，分别代表省（自治区、直辖市）、邮区、市（县）局及投递局（区）四级。这种编码的结构特点是层次分明、规律性强，在一定程度上反映了经转关系，为改革分拣封发体制提供了条件。<br>身份证上包含的信息有姓名、性别、出生日期及办证时的住址、有效期等信息。其中身份证号码体现的信息如下：<br>前六位是地址码，是所在省（市、旗、区）的行政区代码；第七位到第十四位是出生年月日代码；第十五到十七位为顺序码，是对同年、月、日出生的人员编定的顺序号，其中，第十七位如果是奇数，表示男性，如果是偶数，则表示女性；最后一位是校验码，是由号码编制单位按照统一的公式计算出来的，如果尾号是10，就用X代替。<br>完成表格。<br>汇报填写情况：<br><br>\| 身边的编码 \| 符号组合 \|<br>\|---\|---\|<br>\| 学籍号 \| 字母、数字 \|<br>\| 身份证号 \| 字母、数字 \|<br>\| 邮政编码 \| 数字 \|<br>\| 座位号 \| 字母、数字 \|<br>\| 车牌号 \| 文字、数字、字母 \| |

活动意图说明：通过上网查找邮政编码、身份证号等的编码规则，学生了解了身边存在的编码及简单的编码规则。同时，通过填写表格"身边的编码"，可以进一步体验用数字、字母或文字编码表示信息的过程。

（续表）

| 课时教学设计 ||
|---|---|
| **环节四：体会编码的作用（10min）** ||
| 教师活动4<br>　　编码在人际交流、生产管理、知识传播和科学研究等方面发挥着重要的作用。<br>　　出示使用身份证购票的图片。<br>　　我们每个人都拥有唯一的身份证号码。购票乘车时需要使用身份证号码，售票员或公安机关也可以根据这个唯一标识查询到某位特定乘客的信息。由此，我们可以知道编码的作用，即用于标识或识别特定的个体或对象，方便管理和查询相关信息。<br>　　出示图书馆中的图书编码的图片。<br>　　在图书馆中根据图书编码可以将图书有序地放在书架上，便于对图书进行查找和管理。编码便于对事物进行识别、存储和查找。<br>　　出示密信的图片。<br>　　人们还可以根据一定的规则或使用者的喜好设计编码，不了解编码规则的人很难明白编码所传递信息的真实含义，这就起到了保护信息、防止信息被恶意窃取的作用。 | 学生活动4<br>　　认真听讲，仔细思考。 |
| **活动意图说明**：通过展示三个案例，让学生体会编码的作用。 ||
| **环节五：用问卷星检验学生学习成果（3min）** ||
| 教师活动5<br>　　为了验证大家对本节课的掌握程度，接下来请同学们打开桌面上的问卷星网址，在问卷星中对自己本节课的学习情况进行测评。<br>　　1. 下列可以作为编码的符号组合包括（　　）<br>　　A．数字　　　　B．字母<br>　　C．文字　　　　D．其他符号<br>　　2. 下列关于数据编码的说法不正确的是（　　）<br>　　A．人们通常只使用数字对信息进行编码。 | 学生活动5<br>　　学生打开问卷星，进行学习测评。 |

(续表)

| 课时教学设计 ||
|---|---|
| B．编码的过程其实就是将信息从一种形式转换为另一种形式的过程。<br>C．编码具有唯一性的特征。<br>D．编码已广泛应用于社会的方方面面，并且发挥着重要作用。<br>3．下列关于数据编码的说法合理的是（　）<br>A．在古代，人们就会用数字和文字对信息进行编码。<br>B．编码是用来保持信息社会组织与秩序的。<br>C．编码的目的之一是方便数据的存储和传输。<br>D．对图书或档案文件进行编码是为了快速定位和方便管理。<br>在问卷星平台查看学生的测评结果，并进行反馈。 ||
| **活动意图说明**：通过问卷星平台，测验学生对本节课知识的掌握情况，了解学生的学习效果。 ||
| 环节六：总结（2min） ||
| **教师活动6**<br>　　今天大家的表现都很出色，在本节课的学习中，你有哪些收获呢？谁来和大家分享一下。<br>　　希望同学们在今后的学习和生活中继续探究编码的相关知识。 | **学生活动6**<br>　　今天我们了解了编码在生活中的应用，理解了编码的意义，学会了使用数字、字母或文字编码表示信息，并且理解了数据与编码在信息社会中的作用。 |
| **活动意图说明**：总结本节课所学知识。 ||

8．课时教学板书设计

身边的编码

座位号　学号　身份证号　路牌　门牌　邮政编码等

9．课后作业设计

10．课时教学反思（实施后填写）

# 第 4 单元　身边的数据

在四年级设置了"身边的数据"这一单元内容，旨在培养学生的数据意识和能力。本单元分为身边的数据、获取数据、整理数据和数据创造大价值四个课时，内容层层递进，从数据的认识到获取、整理，再到理解数据价值，全面培育学生的信息素养和数据处理能力。通过学习，学生将更好地适应数据驱动的社会，提升未来竞争力。此单元紧贴生活实际，让学生在实践中掌握技能，感受数据的魅力。

## 第 1 课时　身边的数据

| 课时教学设计 ||
| --- | --- |
| 单元名称 | 身边的数据 |
| 第 1 课时 | 身边的数据 |
| 1．课时教材分析<br>　　信息社会每时每刻都产生大量的数据，人们期待能依靠数据提高生产效率，改善生活质量。因此，数据学与数据科学越来越受到关注。本节课聚焦于数据（包括大数据）这一信息社会中的新型生产要素，重点强调数据在信息社会中的重要作用，阐明数据编码让信息得以有效利用的意义，提高学生利用信息科技解决问题的能力，为后续信息科技课程的学习奠定坚实的基础。 ||
| 2．课时学情分析<br>　　学生的特点：四年级学生正逐渐从儿童期向青春期过渡，心理和生理都在发生微妙的变化，自主意识和好奇心逐渐增强，但同时也存在着自控能力弱和学习毅力弱的问题。<br>　　学生的信息科技基础：四年级学生在之前的学习中已经接触过信息科技课程，并掌握了基本的计算机知识和操作技能，但大部分学生的计算机水平还处于初级阶段，对于信息科技的理解和掌握程度存在差异。<br>　　学生的学习特点：四年级学生具有较强的求知欲和好奇心，容易被新颖、有趣的事物所吸引，同时也具备一定的探究能力和创新思维。然而，他们在学习过程中也经常遇到挫折和困难，需要教师耐心的指导和帮助。<br>　　学生的学习需求：四年级学生对信息科技课程有着不同的需求和兴趣点，例如，有的学生对计算机游戏和动画制作感兴趣，有的学生对网络应用和多媒体制作感兴趣。因此，教师需要针对学生的不同需求和兴趣点设计多样化的教学内容和方法，激发学生的学习热情。 ||

（续表）

| 课时教学设计 |
|---|

**3．课时学习重点**

（1）了解信息的概念。

（2）会结合生活实际感受无所不在的数据。

（3）了解数据对人们生活的影响。

**4．课时学习难点**

了解信息的概念。

**5．开放性学习环境**

（1）机房环境配置：教师机、学生机、屏幕、白板。

（2）其他软硬件工具：音视频播放软件、WPS。

**6．课时学习目标**

（1）掌握信息的定义和内涵，了解信息的基本特征和分类，并掌握信息的传递和获取方式。

（2）初步了解数据的来源和收集方式。

（3）了解数据对人们生活的影响，如决策、规划、预测等方面，同时了解数据的应用价值，能举例说明数据的应用场景和重要性。

**7．课时教学过程**

| 教师活动 | 学生活动 |
|---|---|
| 环节一：新课导入（5min） ||
| **教师活动 1**　　提问 1：同学们，你们平时会关注天气预报吗？　　提问 2：天气预报中包含着大量的数据信息。说一说，天气预报中的数据对你们的日常生活有什么影响？　　提问 3：除了天气预报，你们还能想到日常生活中哪些与数据有关的应用？ | **学生活动 1**　　回答问题 1：天气预报可以让我们了解未来的天气情况，让我们做好相应的准备。例如，如果明天下雨，我们就可以提前准备好雨伞。　　回答问题 2：天气预报还可以帮助我们选择穿什么衣服。如果明天很热，我们就可以穿短袖；如果明天很冷，我们就要穿厚外套。　　回答问题 3：超市里的标签也是与数据有关的应用，它们可以帮助我们了解商品的价格、生产日期等信息。 |

(续表)

| 课时教学设计 ||
|---|---|
| 非常好！超市标签也是我们日常生活中常见的与数据有关的应用。通过这些例子，我们可以看到数据无处不在。那么，我们这节课就要探讨一下数据的概念、分类、来源，以及应用等方面的内容。 | |
| **活动意图说明**：教师可以通过提问的方式引导学生从天气预报、超市标签等日常情境入手，探讨数据在生活中的应用，帮助学生深入了解数据的相关应用知识。 ||
| **环节二：新知学习（25min）** ||
| **教师活动2**<br>　　提问1：同学们，现在我们学习数据的来源。在日常生活中，数据无处不在，那么什么是数据呢？<br>　　提问2：那当我们看到车牌上的蒙K时，知道它来自哪里吗？在字母表中看到的"K"和在车牌中看到的"K"有什么不同呢？<br>　　大家想一想同样是"K"，为什么会联想到不同的事物呢？<br>　　其实，"K"这个字母本身并不具备任何含义，它只是一个简单的字符，但是在实际生活中，我们根据不同的需要赋予它们不同的含义，这个含义就是要传达给我们的信息，而这个不带任何含义的字符"K"就是一个字符数据。<br>　　同学们已经很棒了，接下来老师给大家说一说数据的概念是什么，然后再带领大家体验一下身边多样的数据，这样大家才能更清楚什么是数据！<br>　　数据是信息的载体，这就是数据的概念，同学们只要知道，如果我们可以从某些事物中得到相关的信息，那么这些事物中一定包含数据，很有可能它们本身就是数据，结合老师给的概念，大家联想一下，身边的数据有哪些。 | **学生活动2**<br>　　回答问题1：数据就是数字、代码。<br>　　回答问题2：来自鄂尔多斯；一个是英文字母，一个是指代鄂尔多斯。<br>　　认真听讲，思考教师提出的问题。<br>　　积极思考数据对我们生活的影响。<br>　　通过比较不同衣服的数据，可以买到性价比更高的衣服。<br>　　通过菜单上的评分和评价等数据来决定点哪些菜。<br>　　通过对比不同房屋的数据，可以找到更适合自己的房子。<br>　　通过地图软件提供的交通数据，可以找到更为快捷的路线。 |

(续表)

## 课时教学设计

|  |  |
|---|---|
| 　　同学们想得不错，老师也找了一些日常生活中的数据。（图片、日历、学生活动表等）<br>　　同学们，我们生活在一个大数据时代，衣、食、住、行都离不开数据。请说一说数据对我们的生活有哪些影响。<br>　　展示一张购买衣服的网站截图。<br>　　大家看，这是一个人气很高的购物网站。网站上有各种衣服的图片、尺寸和销量等数据信息。这些数据告诉我们哪些衣服最受欢迎，哪些衣服最适合我们。<br>　　展示一张餐厅菜单的照片。<br>　　这是餐厅的菜单，上面有各种菜品和价格等数据信息。这些数据信息告诉我们哪些菜更有特色，哪些菜更符合我们的口味。<br>　　展示一张房屋中介的广告。<br>　　这是房屋中介的广告，上面有各种房屋的信息，如面积、价格、位置等。这些数据告诉我们哪些房屋最符合我们的需求和预算。<br>　　展示一张地图。<br>　　这是地图，上面有各种道路和交通信息。这些数据告诉我们如何选择最优的交通路线，以避开拥堵。<br>　　数据对我们的生活有着很大的影响。无论是购物、吃饭、居住，还是出行，我们都需要用到数据。希望大家在今后的学习和生活中能够关注数据，学会运用数据，让自己的生活更加便利和舒适。 |  |
| **活动意图说明**：培养学生思考的能力，感受数据带来的便捷。 ||
| **环节三：填写个人数据**（10min） ||
| **教师活动3**<br>　　同学们，老师在这里做了一张表格，大家填写一下。（姓名、日期、爱好和自画像） | **学生活动3**<br>　　学生按照要求填写表格。 |
| **活动意图说明**：巩固学生学习内容。 ||

(续表)

| 课时教学设计 |
|---|
| 8．课时教学板书设计<br>　　　　　　　　　身边的数据<br>　　　　　　　一、数据的概念<br>　　　　　　二、数据影响人们的衣、食、住、行 |
| 9．课时作业设计<br>（1）寻找身边的数据。<br>（2）填写数据表格。 |
| 10．课时教学反思（实施后填写） |

# 第 2 课时 获取数据

| 课时教学设计 | |
|---|---|
| 单元名称 | 身边的数据 |
| 第 2 课时 | 获取数据 |

**1. 课时教材分析**

本节课分为三个部分。第一部分需要了解获取数据的多种方式，如线下记录、网络搜索、问卷调查、设备采集等，并谈谈生活中的案例。第二部分需要了解问卷设计的一般步骤，即设计调查问题、制作调查问卷、发放问卷。第三部分就是数据收集，将完成的问卷收集回来，并对数据进行统计。

在本课时中，学生将了解获取数据的多种方法。本节课详细介绍了线下记录、网络搜索、问卷调查、设备采集等不同的数据获取方式，使学生了解到各种方法的优缺点及适用范围。例如，网络搜索可以获得广泛的信息，问卷调查可以针对特定人群收集数据，设备采集可以获得实时、准确的数据。为了加深理解，本节课还会列举生活中的实际应用案例，如企业通过网络搜索了解市场需求，科研机构通过设备采集获得环境数据等。

**2. 课时学情分析**

本课授课对象为四年级学生，在学习本节课之前，他们已经对数据有了初步的了解，并认识到数据在生活中无处不在，同时时刻影响着人们的生活。所以在本课的学习过程中，学生在对数据进行操作时也更容易理解。

**3. 课时学习重点**

（1）了解获取数据的多种方法。

（2）认识数据记录的方法和工具。

（3）了解生活中数据获取的应用实例。

**4. 课时学习难点**

掌握调查问卷的设计步骤。

**5. 开放性学习环境**

（1）机房环境配置：交互智能平板、电子教室、教师机、学生机。

（2）其他软硬件工具：WPS。

**6. 课时学习目标**

（1）了解数据获取的基本概念和重要性。

（2）学会通过设计问卷调查获取数据，并统计数据。

（3）了解数据获取在日常生活中的应用。

第 4 单元　身边的数据

（续表）

| 课时教学设计 |
|---|

7. 课时教学过程

**环节一：新课导入（5min）**

| 教师活动 1 | 学生活动 1 |
|---|---|
| 通过问题导入激发学生的学习兴趣。<br>提问：你们每天都会接触到很多信息，如天气预报、新闻、学校课程信息等，这些信息是从哪里来的呢？<br>引出数据获取的概念。<br>数据获取是指从各种来源（如互联网、调查、观察等）收集数据的过程。 | 回答问题：网络查询、咨询家长或教师等。 |

活动意图说明：通过生活中如何获取数据的实例，引出课题。

**环节二：新知学习（15min）**

| 教师活动 2 | 学生活动 2 |
|---|---|
| 讲解数据获取的定义，强调数据获取在日常生活、学习和研究中的重要性。<br>列举生活中的例子来说明数据获取的方法，引导学生思考如何通过观察和调查获取数据。<br>介绍常用的记录数据的方法和工具，如用笔记本、手机等对数据进行记录和整理。<br>播放视频：数据获取的应用实例。视频以新闻播报为例，讲解数据获取在新闻报道中的应用。 | 认真听讲，联系日常生活进行思考。<br>小组讨论，分享汇报。<br>观看视频。 |

活动意图说明：学生了解数据获取的重要性的同时，激发了对数据获取的好奇心和学习兴趣。了解数据获取的步骤之后，学生可开展实践活动。

**环节三：实践活动（15min）**

| 教师活动 3 | 学生活动 3 |
|---|---|
| 让学生分组，每组选择一个主题，如"中国在历届奥运会中获得金牌的比赛项目及数量""下周天气预报"等。<br>让每个小组讨论并制订获取数据的方案计划，包括需要获取哪些数据、从哪里获取、如何记录等。<br>让学生进行实际操作，记录下需要的数据。<br>引入通过问卷调查获取数据的方式，并讲解问卷调查的步骤。<br>点评。 | 小组活动。<br>每个小组分享各自数据获取的过程和结果。 |

（续表）

| 课时教学设计 ||
|---|---|
| 活动意图说明：在前期铺垫的基础上开展小组活动，选定调查主题后进行实践，培养学生的问题解决能力和实践操作能力。 ||
| 环节四：课堂小结（5min） ||
| **教师活动4**<br>　　回顾本课的主要内容，再次强调数据获取的重要性。<br>　　鼓励学生在日常生活中多运用数据获取技能，提高自己的核心素养。 | **学生活动4**<br>　　跟随教师回顾本节课内容。 |
| 活动意图说明：总结回顾本节课内容。 ||

8．课时教学板书设计

获取数据

获取方法：线下记录　　　　　　问卷调查步骤：1．设计问题
　　　　　网络搜索　　　　　　　　　　　　　2．制作问卷
　　　　　问卷调查　　　　　　　　　　　　　3．填写问卷
　　　　　设备采集　　　　　　　　　　　　　4．数据统计

9．课时作业设计

完成问卷调查，统计收集的数据。

10．课时教学反思（实施后填写）

## 第3课时　整理数据

| 课时教学设计 ||
|---|---|
| 单元名称 | 身边的数据 |
| 第3课时 | 整理数据 |
| \multicolumn{2}{c}{1．课时教材分析} ||

**1．课时教材分析**

本节课围绕"整理数据"这一主题进行了系统且贴近生活的设计，将数据整理的基础理论和实际应用相结合，让学生在了解理论知识的同时，通过实际操作加深对知识点的理解和掌握。

本节课首先介绍了数据整理的定义和意义，让学生明白为什么要进行数据整理。接着，本节课详细讲解了数据整理的基本方法，如排序、分类、筛选等，通过实例加以说明，使学生更容易理解和掌握。最后，本节课设计了实战练习，让学生在实践中巩固所学知识。

**2．课时学情分析**

知识背景：四年级的学生已经掌握了基本的计算机操作技能，如打开和保存文件。此外，他们在日常生活中也经常遇到如排序、分类等与数据整理相关的概念，但尚未进行系统的学习和应用。

兴趣与动机：四年级的学生对于学习新知识和新技能有着浓厚的兴趣。他们会对数据整理产生好奇心，因为这是他们在日常生活中经常会遇到但很难处理的问题。通过本节课的学习，他们能够有效解决这类问题。

学习风格：四年级的学生更偏向于直观、互动式的学习。他们乐于通过实例研究、参与活动等方式来学习知识。因此，在教学过程中，应当注重实践性和互动性，多为学生提供实践操作的机会。

潜在困难：尽管学生对新知识充满好奇，但数据整理涉及的概念和方法对他们来说可能仍然较为抽象。特别是当数据较为复杂时，学生可能会感到困惑和不知所措。因此，在教学过程中需要将基础理论和实际应用相结合，帮助学生更好的理解和掌握。

**3．课时学习重点**

数据整理的基本概念和方法。这是本节课的核心内容，是学生首先要掌握的内容。只有理解了数据整理的基本概念，掌握了数据整理的基本方法，学生才能更好地进行后续的学习和应用。

**4．课时学习难点**

数据整理的实际应用。虽然学生在生活中会接触到数据整理的相关场景，但如何用理论知识解决实际问题，对他们来说可能会有一定难度。因此，如何将数据整理的理论知识与实际应用相结合，掌握数据整理的应用技巧，是本节课的难点。

**5．开放性学习环境**

（1）机房环境配置：交互智能平板、电子教室、教师机、学生机。

（2）其他软硬件工具：WPS。

(续表)

| 课时教学设计 |
|---|
| 6. 课时学习目标<br>（1）理解数据整理的基本概念，掌握排序、分类、筛选等基本的数据整理方法，并能够熟练用相关软件工具进行数据整理。<br>（2）通过实践活动与小组合作，体验数据整理的过程，了解数据整理在实际问题中的应用，并逐渐形成自己解决问题的方法和策略。<br>（3）提高对数据整理的兴趣，认识到数据整理在日常生活和学习中的重要性。通过小组活动，培养合作精神和竞争意识，提升核心素养，明白信息科技在解决实际问题中的价值。 |
| 7. 课时教学过程 |

环节一：激趣导入（5min）

| 教师活动1 | 学生活动1 |
|---|---|
| 提问：请大家想象一下，在一个杂乱的房间里，我们如何能快速找到想要的东西？这就需要我们对物品进行整理。那么，什么是数据整理？ | 思考教师提出的问题，对数据整理产生好奇心。 |

活动意图说明：教师通过将数据整理与日常生活中的场景——杂乱的房间整理进行类比，引出了本节课的主题"数据整理"。这一设计旨在激发学生对数据整理的兴趣和好奇心，并通过让学生联系自身的生活经验，加深对数据整理的直观理解。

环节二：新知学习（15min）

| 教师活动2 | 学生活动2 |
|---|---|
| 现在，我们开始讲解数据整理的定义和意义。数据整理是将原始数据进行有效组织和处理，使其更易分析和利用。通过数据整理，我们可以更好地理解和应用数据。接下来，我们通过实例来演示如何排序、分类、筛选数据。<br>演示一个简单的Excel表格，解释表格中的行、列、单元格等基本概念，并说明Excel在数据整理中的重要作用。<br>演示如何对一列数据进行升序或降序排序，使数据更有序。<br>通过Excel的"数据透视表"功能，演示如何将大量数据按照某一标准进行分类汇总。<br>演示如何使用Excel的筛选功能，快速找出满足特定条件的数据。 | 认真听讲，确保理解数据整理的基本概念和Excel的基础操作。<br>观看实例演示，仔细观察教师的每一步操作，特别留意自己不熟悉的操作。<br>同步实践：跟随教师的演示，在计算机上同步进行操作，确保熟练掌握。<br>提问与交流：如有不明白或困惑的地方，及时提问，与教师或其他同学交流，确保无障碍学习。 |

第 4 单元　身边的数据

(续表)

| 课时教学设计 ||
|---|---|
| 活动意图说明：通过讲解数据整理的定义和意义，让学生对数据整理形成一个清晰的概念，并理解其重要性。而实例演示则是为了将理论知识与实际应用相结合，使学生更加直观地了解数据整理的具体方法和应用。 ||
| **环节三：实践活动（15min）** ||
| 教师活动 3<br>　　让学生分成几个小组，每个小组将会得到一组杂乱的数据。请各小组选择合适的整理方法，对数据进行整理，并展示成果。 | 学生活动 3<br>　　分组进行数据整理实战练习，利用所学知识对数据进行排序、分类、筛选等操作。小组内讨论并确定最终整理方案。 |
| 活动意图说明：通过实战练习，让学生将数据整理的理论知识应用到实际操作中，巩固和加深对知识点的理解和掌握。通过对学生进行分组，培养学生的合作精神和团队协作能力，让他们在小组内相互讨论、交流，共同完成数据整理的任务。 ||
| **环节四：课堂小结（5min）** ||
| 教师活动 4<br>　　请各小组依次展示他们的整理成果，并说说选择所用方法的原因和整理过程中的一些心得体会。<br>　　通过今天的学习，我们了解了数据整理的定义和意义，掌握了基本的数据整理方法，并通过实战练习加深了对知识点的理解和掌握。希望大家在今后的学习和生活中，积极运用数据整理技能，更好地管理和应用各种数据。 | 学生活动 4<br>　　各小组依次展示成果，并与其他小组交流，分享彼此的经验和收获。<br>　　回顾本节课所学内容，加深对数据整理的理解，明确今后学习和应用的方向。 |
| 活动意图说明：对本节课所学内容进行回顾和总结，希望能够激发学生对数据整理的兴趣，强化学生对数据整理的理解和认识，并鼓励学生在今后的学习和生活中积极应用数据整理技能。 ||

**8．课时教学板书设计**

**数据整理的定义**

将原始数据进行有效组织和处理，使其更易分析和利用。

**数据整理的意义**

1．提高数据分析效率。

2．更好地提取有价值的信息。

**Excel 在数据整理中的应用**

基本概念：行、列、单元格。

排序：升序、降序。

分类：数据透视表的应用。

筛选：按条件筛选数据。

（续表）

| 课时教学设计 |
|---|
| 9. 课时作业设计 |
| 10. 课时教学反思（实施后填写） |

# 第4课时　数据创造大价值

| 课时教学设计 ||
|---|---|
| 单元名称 | 身边的数据 |
| 第4课时 | 数据创造大价值 |

1. 课时教材分析

　　通过之前的学习，学生已经意识到生活中每时每刻都在产生大量数据，知道了数据在信息社会中的重要作用。本节课将引导学生深入了解数据，认识数据的价值及其在生活中的应用。

2. 课时学情分析

　　本节课所学内容对于四年级学生并不是很难，但是多以理论为主，需要多调动学生的积极性。通过本节课的学习，学生能了解数据的价值及其应用。但是要让学生充分理解数据在生活中的应用价值，还需要教师进一步的引导。

3. 课时学习重点

　　了解数据与大数据的关系，了解数据是如何创造价值的。

4. 课时学习难点

　　掌握生活中数据的应用并学会合理利用数据创造价值。

5. 开放性学习环境

　　（1）机房环境配置：教师机、学生机、屏幕、白板、数据素材。

　　（2）其他软硬件工具：PPT、电子教室。

6. 课时学习目标

　　（1）对数据如何创造价值有一个初步的了解。

　　（2）了解数据与大数据的区别和联系。

　　（3）能够合理利用数据创造价值。

7. 课时教学过程

| 教师活动 | 学生活动 |
|---|---|
| 环节一：引入（5min） ||
| 教师活动1<br>　　播放视频（《数据的价值》），引出本节课的内容，引导学生从视频中获取相关内容：<br>　　1. 视频中主要讲解了什么？<br>　　2. 数据有哪些价值？<br>　　3. 数据的价值体现在哪些方面？ | 学生活动1<br>　　观看视频，根据教师要求进行小组交流讨论，找出视频中有用的信息，并回答问题。<br>　　1. 视频主要讲解了数据的价值。<br>　　2. 人们通过数据了解到自己想知道的内容，比如天气预报可以让准备外出的人知道未来的天气情况，以便实时调整出行计划与安排；导航数据可以更好地帮助人们规划路线。 |

(续表)

| 课时教学设计 ||
|---|---|
| 引导学生互相交流，解决问题。 | 3．数据的价值体现在经济、社会和政治等方面，小到可以影响我们的生活，使人们的生活更加便利，大到可以提高国家的竞争力和国际影响力。 |
| **活动意图说明**：通过观看视频初步了解数据的价值及其体现，为后续深入探索数据创造价值做好准备。 ||
| **环节二：数据与大数据（10min）** ||
| 教师活动2<br>　　提问：在我们生活中，除了经常提到数据外，另一个常被提及的概念是"大数据"，哪位同学来说一说，你认为什么是"大数据"？它和数据有什么关系？<br>　　出示课件，回顾数据的定义，并讲解数据与大数据的区别与联系。 | 学生活动2<br>　　听教师讲授：大数据就是有很多的数据集合到一起，形成一个庞大的数据库。<br>　　除了规模的差异，数据与大数据在复杂度与价值程度上也有区别。大数据通常是由不同来源、格式、类型和结构的数据组成的，而数据可以相对简单。数据仅包含重要、有用的信息，而大数据由于规模大和具有多样性，需要进行筛选和分析才能发现其中有价值的信息。<br>　　如果用大海来比喻大数据，那么数据就是其中的一滴水。 |
| **活动意图说明**：通过交流讨论，让学生初步了解数据与大数据的区别与联系，为下一步学习奠定基础。 ||
| **环节三：数据创造价值（10min）** ||
| 教师活动3<br>　　提问1：我们身边有很多的数据，同学们可以列举出与数据或大数据相关的内容吗？<br>　　提问2：这些数据是如何创造价值的？<br>　　播放视频，让学生深入了解数据是如何创造价值的。 | 学生活动3<br>　　回答问题1．在教室中，课程表、作息时间表、任课教师联系表、近视率统计表里所呈现的就是数据。<br>　　回答问题2．在生活中，我们使用的购物软件、外卖平台及导航软件就利用了大数据，不仅可以给我们推荐合适的商品及食物，还能让我们的出行更加便捷，我认为这些就是数据创造的价值。<br>　　观看视频，深入学习数据是如何创造价值的。 |

(续表)

| 课时教学设计 |||
|---|---|---|
| **活动意图说明：** 教师先引出话题，让学生思考并说出自己的认识。通过学习交流，学生对数据创造价值具备了一定的了解，并能理解数据是如何创造价值的。 |||
| **环节四：合理应用数据的价值（10min）** |||
| 教师活动4<br>　　出示一段情境内容，让学生分析原因：通过天气预报得知，某地未来几天将有连绵不断的细雨，此时有人欢喜有人忧。<br>　　生活中类似的情况还有很多，请同学们举例说明。<br>　　数据的价值体现在多方面，只有合理应用，才会对我们的生活起到帮助作用。 || 学生活动4<br>　　分析：我认为忧愁的人是担心细雨不断影响出行或者出现安全问题，而欢喜的人可能是卖雨具的商人，连绵不断的细雨会给自己带来收入。<br>　　举例：班级里的近视率统计表，学生可以知道自己所在班级中近视同学的人数，教师可以通过这张表来分析出班级学生近视率趋势，以便及时干预矫正学生的视力。 |
| **活动意图说明：** 通过案例让学生理解数据存在的价值，并学会合理利用数据，为自己创造更大的价值。 |||
| **环节五：知识大配对（5min）** |||
| 教师活动5<br>　　打乱顺序，让学生对内容进行配对连线。<br>数据：　　　　价值：<br>二十四节气　　指导农耕<br>天气预报　　　规划外出<br>健康数据　　　了解身体情况<br>交通情况　　　规划路线 || 学生活动5<br>　　与同学交流讨论，将数据与其对应的价值连接起来，并进行汇报。 |
| **活动意图说明：** 通过练习题来帮助学生巩固今天所学内容。 |||

8．课时教学板书设计

数据创造大价值

数据创造大价值 ┤ 初步感受数据的价值
数据与大数据
数据创造价值
合理应用数据的价值

9．课时作业设计

10．课时教学反思（实施后填写）

# 第 5 单元　认识算法

根据《课程标准》中的有关内容要求与学业要求，在五年级下学期设置了"认识算法"单元，主要内容为对算法的认识及对算法基本控制结构的初步认识。本单元主要培育学生计算思维、数字化学习与创新等核心素养。本单元共设置 6 个课时，分别为"初识算法""顺序结构""认识顺序控制结构""项目实践 1：程序验证算法（顺序结构）""循环结构""项目实践 2：利用程序验证算法（循环结构）"，让学生在分析其中蕴含的算法时，学会对问题进行抽象和分解，形成问题求解方案，从而了解算法的基本控制结构，感受算法的魅力，从信息科技课程角度对西红柿种植产生新的认识，增进学生的劳动意识；同时，通过使用编程软件验证算法，提高学生适应数字化学习的意识与能力。

## 第 1 课时　初识算法

| 课时教学设计 ||
|---|---|
| 单元名称 | 认识算法 |
| 第 1 课时 | 初识算法 |

**1. 课时教材分析**

本课时是五年级上学期信息科技课程第一单元模块中的第一课。根据《课程标准》的要求，本学年的学习内容围绕"身边的算法"展开。在第一节课中，我们将首先引导学生理解算法的基本概念，了解算法的描述方法，并能够使用自然语言描述算法。

**2. 课时学情分析**

学生在之前的学习中虽然接触过算法，但还没有产生系统的认识。相较于低年级学生而言，五年级学生的逻辑思维能力和观察生活的能力有了显著提升。

**3. 课时学习重点**

理解什么是算法，能够使用自然语言描述算法。

**4. 课时学习难点**

结合身边的生活实例，理解算法的概念。

第 5 单元　认识算法

（续表）

| 课时教学设计 |
|---|

**5．开放性学习环境**

（1）机房环境配置：学生机、教师机。

（2）其他软硬件工具：WPS。

**6．课时学习目标**

（1）理解算法的概念。

（2）会描述算法实例。

（3）能够使用自然语言描述算法。

**7．课时教学过程**

| 教师活动 | 学生活动 |
|---|---|
| **环节一：了解算法（5min）** | |
| **教师活动 1**<br>"算法"这个词听上去非常专业，似乎离我们的学习和生活很遥远，实则不然。<br>　请三位不同身高的学生上台，并对其进行提问：如何将这三位同学按身高排序？<br>　要求：按照 1、2、3 的步骤完整地描述排序步骤。<br>　同学们的语言表达能力非常好，刚才老师提出的问题是"排身高"，同学们通过一系列的步骤解决了问题，而解决问题的方法和步骤就叫作"算法"。 | **学生活动 1**<br>　说一说如何根据身高进行排序。 |
| 活动意图说明：了解什么是算法。 | |
| **环节二：初识算法（15min）** | |
| **教师活动 2**<br>　布置任务：<br>　1．找一找身边的算法实例，并进行描述。<br>　2．思考以下案例中是否涉及算法。<br>　① 四则运算<br>　② 折纸飞机<br>　我们需要注意一点，算法是要解决问题。如果不能在有限的步骤内执行得出结果，比如在折纸飞机的第一步无限循环下去，这样的算法就没有意义。因此，我们补充一下算法的概念：在有限步骤内解决问题的方法和步骤。<br>　用自然语言来描述算法的表示方式，叫作"自然语言描述算法"。 | **学生活动 2**<br>　任务 1：描述初识算法实例，说出对应的方法或步骤。<br>　每个小组派一名同学汇报结果。<br>　任务 2：小组讨论，确定涉及算法的，则说出对应的方法和步骤。<br>　每个小组派一名同学汇报，其他小组成员进行补充。 |

(续表)

| 课时教学设计 ||
|---|---|
| 活动意图说明：加深对算法的理解。 ||
| 环节三：用自然语言描述算法（15min） ||
| 教师活动 3<br>　　自然语言就是我们日常使用的语言。自然语言描述算法就是用日常使用的语言来描述解决问题的方法和步骤。<br>　　数学课上我们学习过沏茶问题，现在来看一个案例。<br>　　沏茶一共要做 6 项工作，烧水 5 分钟；洗水壶 1 分钟；洗茶杯 2 分钟；接水 1 分钟；找茶叶 1 分钟；沏茶 1 分钟。沏茶的整个过程至少要用 8 分钟。<br>　　请同学们使用自然语言来描述沏茶问题的算法步骤。 | 学生活动 3<br>　　回答教师问题并思考：沏茶只有一种算法吗？ |
| 活动意图说明：学会使用自然语言描述算法。 ||
| 环节四：课堂小结（5min） ||
| 教师活动 4<br>　　总结本节课学习内容。 | 学生活动 4<br>　　说一说这节课学到的知识。 |
| 活动意图说明：巩固所学知识。 ||

8．课时教学板书设计

初识算法
（在有限步骤内）解决问题的方法和步骤。

9．课时作业设计

10．课时教学反思（实施后填写）

安全提示：注意保护数据安全。

# 第5单元　认识算法

## 第2课时　顺序结构

| 课时教学设计 ||
|---|---|
| 单元名称 | 认识算法 |
| 第2课时 | 顺序结构 |
| 1．课时教材分析<br>　　本节课作为本单元的第二节课，具有重要作用。它基于"身边的算法"模块，通过一些具体的生活实例来实施教学，引导学生从生活实际出发，认识算法的第一个控制结构——顺序结构。 ||
| 2．课时学情分析<br>　　本节课面向的是刚上五年级的学生，这个年级的学生已经具备了一定的逻辑思维能力，能够对问题进行分步求解。为了增强学生的兴趣，本节课以种植西红柿这一实践案例为引导，带着学生系统地学习算法及算法的描述，提升学生解决问题的条理性和完整性。 ||
| 3．课时学习重点<br>　　掌握顺序结构在自然语言描述和流程图中的应用。 ||
| 4．课时学习难点<br>　　掌握算法的顺序结构并能够正确地在流程图中表示出来。 ||
| 5．开放性学习环境<br>　　（1）机房环境配置：教师机、学生机、屏幕、白板。<br>　　（2）其他软硬件工具：源码编辑器、电子教室。 ||
| 6．课时学习目标<br>　　（1）了解流程图中不同流程框的名称与作用，熟练掌握流程框的用法。<br>　　（2）通过种植西红柿的案例，探索顺序结构在流程图中的应用。 ||
| 7．课时教学过程 ||
| 教师活动 | 学生活动 |
| 环节一：情境引入（5min） ||
| 教师活动1<br>　　开始/终止框　程序开始或结束<br>　　处理框　对数据进行处理<br>　　输入输出框　数据的输入或输出<br>　　判断框　根据条件进行判断，选择其中一个分支<br>　　流程线　表示流程的走向 | 学生活动1<br>　　积极回答教师提出的问题。 |

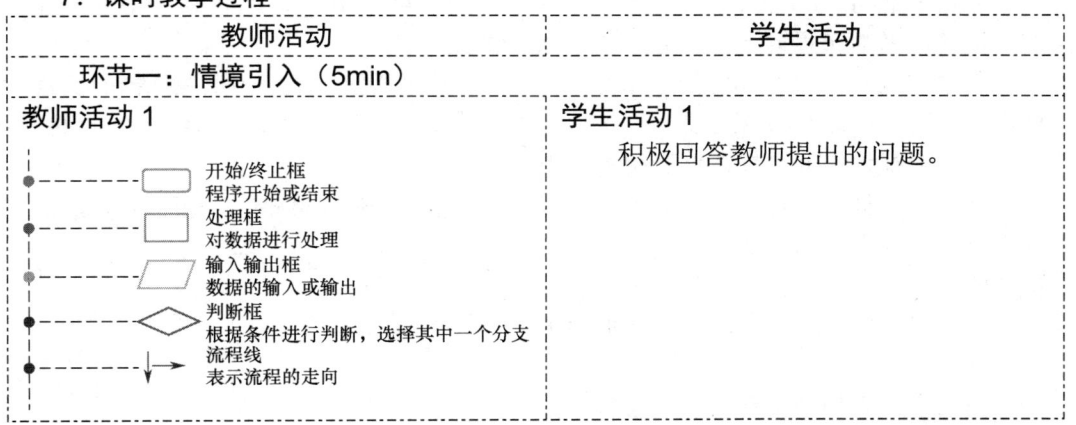

(续表)

| 课时教学设计 ||
|---|---|
| 教师提问几个流程框的名称和用法。<br>前面我们讲了流程图的简单画法，一起画了流程图，这节课我们来学算法的控制结构之一——顺序结构。 ||
| **活动意图说明**：了解流程图的基本内容，让学生熟练掌握流程框的名称和用法。 ||
| **环节二：探究新知（15min）** ||
| **教师活动2**<br>提问：同学们从顺序这个名字能知道顺序结构是什么意思吗？<br>顺序结构就是一种自上而下，按先后顺序依次执行算法中各个步骤的结构。<br>比如说我们每天早上起床和晚上睡觉前都要刷牙，那么刷牙的步骤都有哪些呢？<br>刷牙顺序：拿水杯，接水，拿牙刷，挤牙膏，刷牙，漱口，清洗牙刷和水杯。那么刷牙的顺序就如同算法中的顺序结构。<br>同学们在生活中肯定种植过植物吧，本节课老师就以种植西红柿为例，看看大家对用自然语言和流程图来描述算法的掌握情况。 | **学生活动2**<br>回答教师提出的问题。 |
| **活动意图说明**：借助日常生活中刷牙的情境，给学生讲解顺序结构，让他们更加容易理解。 ||
| **环节三：小试牛刀（15min）** ||
| **教师活动3**<br>之前我们学习了算法的自然语言描述，现在，老师布置第一个任务，请大家用3分钟时间与同桌一起讨论，如何用自然语言描述西红柿的种植过程。<br>同学们都说得非常好，这表明大家平时对西红柿的种植过程有一定的了解。那么接下来看看老师的描述，大家再和自己描述的对比一下，看看有什么区别。<br>第一步：在盆里装足够的土，把种子种进去；<br>第二步：等种子发芽长成小苗后，在小苗旁边插根木棍，再把小苗绑在木棍上； | **学生活动3**<br>与同桌相互讨论，结合生活常识回答。<br>认真听讲，了解种植西红柿的步骤。<br>使用流程图绘制工具绘制相应的流程图。<br>根据教师的点评对流程图进行改正。 |

（续表）

| 课时教学设计 ||
|---|---|
| 第三步：每天观察土壤，如果土壤中水分干了就浇水； <br> 第四步：每两周施一次肥； <br> 第五步：西红柿变红了，就可以收获了。 <br> 　　由此知道，西红柿的种植过程是播种—固定支架—浇水—施肥—收获，这与我们农耕活动中春天播种、秋天收获的节奏相符，也体现了算法的顺序结构。 <br> 　　刚才已经用自然语言描述了西红柿的种植过程，我们知道流程图是根据自然语言描述画出来的。所以，第二个任务是按照老师的描述画出种植西红柿的流程图。在画图时，要注意提炼自然语言描述中所使用的关键词。 <br><br> 开始 → 播种 → 固定支架 → 浇水 → 施肥 → 收获 → 结束 <br><br> 　　大部分同学都已经绘制完成，选几位同学展示一下自己绘制的流程图。 | |

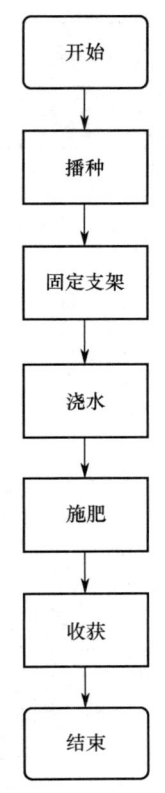

（续表）

| 课时教学设计 |
|---|

这几位同学画得都不错，有优点也有不足，大家根据刚才讲的内容修改一下自己的流程图。

**活动意图说明**：通过自然语言描述总结其中的关键词并填入流程图，掌握顺序结构在流程图中的表示方法。

**环节四：回顾总结（5min）**

| 教师活动4 | 学生活动4 |
|---|---|
| 提示：在本节课中，我们学习了算法中的顺序结构，这是算法中最基本且最常见的一种结构。在描述算法时，我们需要按照既定顺序逐步描述各个步骤。 | 认真听讲，牢记顺序结构的使用技巧。 |

**活动意图说明**：学生应深刻理解顺序结构在算法中的重要性，并掌握其在算法描述中的表示方法。

8．课时教学板书设计

顺序结构

9．课时作业设计

能够结合自然语言的描述，准确画出相应的流程图。

10．课时教学反思（实施后填写）

# 第3课时　认识顺序控制结构

| 课时教学设计 ||
| --- | --- |
| 单元名称 | 认识算法 |
| 第3课时 | 认识顺序控制结构 |
| 1．课时教材分析　　本节课所在单元的主要内容是学习算法的控制结构及学习用算法解决生活中的问题。通过灵活组合顺序、分支和循环三种基本控制结构，我们可以轻松解决一些复杂的问题。　　在本节课中，学生需要明确本单元的学习主题，了解用算法解决生活中实际问题的基本原理，并通过图形化编程验证算法的执行结果。通过循序渐进、富有挑战性的任务，学生能够体验利用算法的顺序结构处理问题的全过程，并学会迁移应用，为后续深入学习相对复杂的分支和循环结构打下基础。 ||
| 2．课时学情分析　　五年级学生对新事物充满求知欲，喜欢新鲜且具有挑战性的课堂活动。通过之前的学习，他们已经了解了机器人的概念和应用，以及机器人给学习和生活带来的便利。学生对学习机器人的相关知识有着浓厚的兴趣，自身也具备了一定的探究能力和合作意识。在教师的引导下，学生有能力利用给定的学习材料进行探究性学习，完成本课的学习任务。尽管他们很少接触虚拟仿真机器人平台，但他们对于图形化编程软件已经有了一定的认识，并掌握了一些基本的操作方法。 ||
| 3．课时学习目标　　（1）通过分析机器人的结构和功能，能够理解控制机器人行走的原理。同时，通过分析探月机器人的任务，可以初步学会用算法控制机器人小车行走，并理解顺序结构的特点，从而增强自主学习的能力。　　（2）通过分析和计算，可以探究距离、角度、时间、电机转速之间的关系。在控制机器人行走和转向的过程中，培养动手实践和抽象思维的能力。　　（3）通过分析和实践，可以建构各学科知识之间的联系，提高对生活中的问题进行抽象建模的能力。 ||
| 4．课时学习重点　　（1）掌握控制机器人行走的原理，理解算法的顺序控制结构，通过抽象建模、设计算法，实现对机器人行走的控制。　　（2）理解距离、角度、时间和电机转速之间的联系，并能够应用这些概念解决实际问题。 ||
| 5．课时学习难点　　建立学科知识与实际问题的连接，在问题解决的过程中提升信息素养。 ||
| 6．开放性学习环境　　（1）机房环境：教师机、学生机、大屏幕。　　（2）软件工具：多媒体网络教学软件、虚拟仿真机器人学习平台。　　（3）学习资源：学习任务单、评价表。 ||

(续表)

| 课时教学设计 ||
|---|---|
| | 7. 课时教学过程 |
| 教师活动 | 学生活动 |
| | 环节一：情境导入，明确任务（5min） |
| 教师活动1<br>　　播放短视频，引出本节课的主角——"玉兔号"，并指出"玉兔号"其实是一个机器人。<br>　　本节课，我们将学习在虚拟仿真机器人平台上一起控制和运行机器人。 | 学生活动1<br>　　观看短视频，明确本节课的学习主题。 |
| | 　　**活动意图说明**：激发学生的学习兴趣，明确学习目标。 |
| | 环节二：自主学习（25min） |
| 教师活动2<br>　　布置任务一：认识虚拟仿真机器人的组成，熟悉虚拟仿真机器人平台的操作方法。<br>　　在没有相关设备的情况下，我们可以使用虚拟仿真机器人平台来体验操控机器人的过程。<br>　　布置任务二：唤醒虚拟仿真机器人"玉兔号"（实现控制机器人直行）。<br>　　引导学生探究机器人行走的原理，提出问题：<br>　　1. 机器人靠什么带动行走？<br>　　2. 机器人的行走速度由什么决定？<br>　　3. 通过什么控制机器人的前进或后退？<br>　　4. 机器人如何走直线？<br>　　5. 在编程窗口中，通过哪些模块来控制机器人的直行和转向？<br>　　布置任务三：为"玉兔号"设计指令，指令是按从上到下的顺序开始执行的。课堂检查，解决学生在探究过程中出现的问题。 | 学生活动2<br>　　1. 回答问题，加深对机器人控制原理的理解。<br>　　2. 按照机器人的运动原理，结合任务要求尝试设计出控制机器人直行指令的流程，对顺序结构有初步的认识。<br>　　3. 在虚拟仿真机器人平台的控制界面编写控制程序，并进行验证。<br>　　4. 继续编写指令，控制"玉兔号"机器人行走。探索如何使机器人到达"月亮小屋"。<br>　　5. 回答问题，总结自己在解决问题过程中的收获。<br>　　6. 小组合作，根据任务单探究控制机器人转向的决定因素，并设计转向返回的步骤。将转向问题进行抽象建模，并通过编程进行验证。尝试对数据进行分析，不断优化参数，通过调整每个步骤的参数来实现成功返回的目标。最后，进行总结并得出结论。 |

## 课时教学设计

（续表）

请学生汇报编写的指令和每一步指令的目的，以此梳理顺序结构。

布置任务四：探索"月亮小屋"（控制机器人行走的距离）。

编写指令，控制"玉兔号"机器人从基地出发，到达"月亮小屋"进行探索。

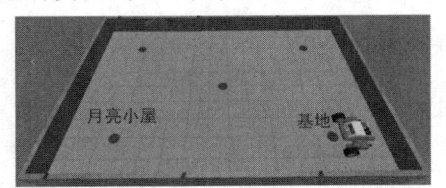

鼓励学生进行合作探究，并解决学生在探究中出现的问题。

请学生汇报：在"玉兔号"机器人停止前进但未到达"月亮小屋"时，你是怎么做的？

布置任务五：探索完"月亮小屋"后返回基地（控制机器人转向）。

组织学生进行小组讨论：让"玉兔号"机器人返回基地有几种方法？

提出问题：控制机器人转向由哪些因素决定？

鼓励学生通过编程实践、仿真运行进行探索、归纳。鼓励同学之间形成合作，共同讨论并解决探究中出现的问题。

引导学生总结控制机器人转向的决定因素。

| 左电机方向及功率 | 右电机方向及功率 | 时间 | 画转向轨迹 |
|---|---|---|---|
| 顺 50 | 逆 50 | 3s | |
| 顺 100 | 顺 50 | 5s | |
| 顺 50 | 逆 0 | 8s | |
| 顺 100 | 逆 50 | 3s | |

(续表)

| 课时教学设计 ||
|---|---|
| 拓展：请从节能角度考虑，通过哪种方式转向后返回距离最近？请通过编程验证。 | 7. 探究并验证给定条件下问题的最优解。 |
| 活动意图说明：任务难度逐层递进，让学生在探究过程中解决问题。通过具有挑战性的任务激发学生的求知欲，培养学生的信息素养。 ||
| 环节三：分享交流及总结（5min） ||
| 教师活动3<br>邀请学生发表本节课的收获与感悟。 | 学生活动3<br>回顾本节课所学内容。 |
| 活动意图说明：总结本节课的内容要点。 ||
| 环节四：自评互评（5min） ||
| 教师活动4<br>发放自评表和他评表，让学生对自己在本节课的表现进行自评和互评。 | 学生活动4<br>完成自我评价和对他人的评价。 |
| 活动意图说明：通过自评和互评，促进学生相互学习。 ||

8. 课时教学板书设计

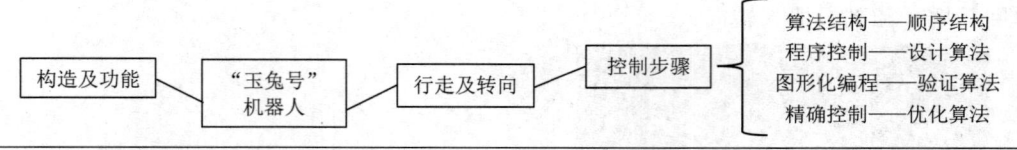

构造及功能 → "玉兔号"机器人 → 行走及转向 → 控制步骤 → 算法结构——顺序结构 / 程序控制——设计算法 / 图形化编程——验证算法 / 精确控制——优化算法

9. 课时作业设计

尝试修改程序，让"玉兔号"机器人进行折返跑，即从基地出发，到达"月亮小屋"后返回基地，完成一次折返跑。

10. 课时教学反思（实施后填写）

（1）本节课是程序控制结构的第一课——顺序结构，相对来说比较容易理解。但在实施时需要注意介绍机器人的构造和功能，以便为接下来运用顺序结构算法解决问题打下基础。因此，需要精准把握课时容量。

（2）本节课围绕实际问题的解决开展课程，给课程创设了连贯、有趣的情境，使学生能够深入情境解决问题。此外，连贯的情境有助于学生逐层探究有挑战性的任务，有利于学生对所学知识进行内化。在设计算法时，注意强调小组合作，并及时进行指导。

（3）作为单元的项目启动课，基础操作的内容需要在课前完成，为课上的探究活动打好基础。课堂上应关注学生的想法，可以提供一些支架，不应局限于一般性思路，可以让学生思路更广阔。

# 第4课时  项目实践1：程序验证算法（顺序结构）

| 课时教学设计 ||
|---|---|
| 单元名称 | 认识算法 |
| 第4课时 | 项目实践1：程序验证算法（顺序结构） |

**1．课时教材分析**

本节课主要介绍了算法控制结构中的顺序结构。通过本节课的学习，学生了解算法控制结构中的顺序结构及其特点，并能用流程图绘制顺序结构。同时，学生也将通过编程软件中的实例来体验顺序结构的应用，初步了解程序设计的方法。

**2．课时学情分析**

本节课的教学对象为五年级的学生，在本节课之前，他们已经接触过算法与算法表示，对问题解决的步骤及流程图并不陌生。五年级学生正从具体形象思维向抽象逻辑思维转变，但依然倾向于具体形象思维，对具体事物和基于经验的知识更感兴趣。因此在教学过程中要创设贴近学生日常生活的案例，引导学生将他们在解决生活问题时体现的有序思维应用到算法的顺序结构设计上，尝试利用顺序结构进行编程，培养计算思维。

**3．课时学习重点**

顺序结构的特点。

**4．课时学习难点**

合理组织和设计顺序结构。

**5．开放性学习环境**

（1）机房环境配置：教师机、学生机、屏幕、白板。

（2）其他软硬件工具：WPS、电子教室。

**6．课时学习目标**

（1）通过实例认识顺序结构及其特点。

（2）能用流程图表示顺序结构。

（3）能够初步合理组织和设计顺序结构。

**7．课时教学过程**

| 教师活动 | 学生活动 |
|---|---|
| 环节一：情境引入（5min） ||
| **教师活动1**<br>　　1．创设情境<br>　　今天老师买到了心仪的东西，心里很开心，老师想通过编程软件生成一个情境来表达现在的心情。 | **学生活动1**<br>　　1．认真听讲并思考，进入学习状态。<br>　　2．学生认真思考如何用自然语言描述或流程图来表示这个过程。 |

(续表)

## 课时教学设计

| | |
|---|---|
| 2．交流讨论应该用怎样的情境去表达。<br>3．情境描述：老师走在宽敞的大街上，每隔一分钟就有一颗小爱心飘出，然后消失。 | |

**活动意图说明：** 通过创设日常情境，导入本课的内容，让学生明确本节课的学习任务及目标。

**环节二：探究新知（15min）**

| 教师活动2 | 学生活动2 |
|---|---|
| 1．引导学生运用自然语言去描述这个过程，并将该过程转换为相应的流程图。<br>2．引导学生找到正确的程序积木块。<br>3．鼓励学生独立思考。<br>4．程序操作<br>（1）打开源码编辑器，引导学生设置情境。<br>　　第一步：添加背景，选择"街道"作为背景图。<br>　　第二步：添加人物，选择添加人物"教师"，将角色拖到合适的位置并调整大小。<br>　　第三步：添加角色"爱心"，将角色拖到合适的位置并调整大小。<br>（2）单击指令面板，为"爱心"添加脚本。<br>　　① 单击指令面板中的"事件"按钮，将"当开始被点击"积木拖拽到脚本区。<br>　　② 一开始"爱心"是隐藏的，我们要在"外观"中选择"隐藏"积木块并将其拖拽到脚本区。<br>　　③ 接着要让"爱心"出现，我们可以在"外观"中选择"在（）秒内逐渐显示"积木块并将其拖拽到脚本区。<br>　　④ 接着让"爱心"隐藏，我们可以在"外观"中选择"在（）秒内逐渐隐藏"积木块并将其拖拽到脚本区。<br>　　⑤ 接着要让"爱心"出现，我们可以在"外观"中选择"在（）秒内逐渐显示"积木块并将其拖拽到脚本区。 | 1．思考如何用自然语言描述该过程。<br>2．思考如何将自然语言的描述转换成流程图。<br>3．通过自然语言的描述和流程图，体会顺序结构的特点。<br>4．先独自尝试操作，后小组合作讨论完成。<br>5．跟随教师引导进行总结。 |

(续表)

## 课时教学设计

| | |
|---|---|
| ⑥ 接着再让"爱心"隐藏，我们可以在"外观"中选择"在（ ）秒内逐渐隐藏"积木块并将其拖拽到脚本区。<br>⑦ 单击"开始"按钮，运行代码。 | |
| **活动意图说明**：教师引导学生将自然语言的描述转换为流程图，并鼓励学生通过自主探究和合作来完成学习任务。 ||

**环节三：小试牛刀（15min）**

| 教师活动 3 | 学生活动 3 |
|---|---|
| 提问：在生活中还有哪些事情或事物是运用顺序结构完成的？<br>引导学生用自然语言或流程图来描述算法，并汇报交流。 | 1．举例说明，利用自然语言或者流程图描述算法。<br>2．进行展示汇报、讨论交流。<br>3．初步学会合理设计顺序结构。 |

**活动意图说明**：通过思考和交流，学生能在自主探索的过程中体会完成一件事情或事物的合理性。

**嵌入式评价**

（1）任务完成（30 分）：评价本节课的学习成果，能自主完成场景动画的设计。能举出生活中的实例，并用自然语言或流程图描述算法。

（2）课堂纪律（10 分）：评价学生的学习态度，包括学习专注度、讨论状态等。

（3）创新思维（10 分）：评价学生在学习成果方面的创新或迁移运用，通过自然语言或流程图能够描述出相应的算法，培养学生的计算思维。

（4）资源利用（10 分）：评价学生常规操作，能够从现实生活案例中发现顺序结构。

**环节四：回顾总结（5min）**

| 教师活动 4 | 学生活动 4 |
|---|---|
| 引导学生回忆本节课所学内容，对重点内容进行提问。<br>绘制思维导图，帮助学生梳理本节课知识点，巩固所学内容。 | 1．主动回答问题。<br>2．结合思维导图，回忆本节课所学内容，梳理后进行分享，其余学生补充，巩固本节课内容。 |

**活动意图说明**：学生结合思维导图梳理并巩固本节课所学内容，并通过回答问题对所学内容进行强化记忆。

**安全小提示**：爱护眼睛，健康使用计算机。

8．课时教学板书设计

顺序结构

| 课时教学设计 |
|---|
| **9．课时作业设计**<br>　　生活中还有哪些运用顺序结构的例子？请用流程图描述出来。 |
| **10．课时教学反思（实施后填写）** |

# 第5课时 循环结构

| 课时教学设计 ||
|---|---|
| 单元名称 | 认识算法 |
| 第5课时 | 循环结构 |

**1. 课时教材分析**

本节课旨在深化"顺序结构"的应用，并引入新的知识点——"循环结构"。循环结构是整个算法结构的重要组成部分。本节课的知识较为复杂，需要教师进行精心的课程设计以确保学生能够理解。

**2. 课时学情分析**

本节课面向的是小学五年级的学生，他们已经学习了算法结构中的顺序结构。而循环结构体现了一种循环往复的思想，让学生感知到算法的灵活性和可变性。

**3. 课时学习重点**

通过结合西红柿的种植过程，准确地列举出算法结构中循环结构的具体用途和用法。

**4. 课时学习难点**

能够结合生活实例"种植西红柿"，用流程图描述西红柿种植过程中的"循环结构"。

**5. 开放性学习环境**

（1）机房环境配置：教师机、学生机、屏幕、白板。
（2）其他软硬件工具：PPT、电子教室。

**6. 课时学习目标**

（1）能用自然语言和流程图来描述包含"循环结构"的算法流程。
（2）通过绘制流程图，能说出循环结构的特点和算法流向。
（3）能准确表达流程图的结构。

**7. 课时教学过程**

| 教师活动 | 学生活动 |
|---|---|
| 环节一：情境引入（5min） ||
| 教师活动1<br>1. 创设情境，展示一个西红柿：你们见到的这个农作物是什么？<br>2. 提问：怎样才能获得果实？西红柿的种植过程你们了解吗？ | 学生活动1<br>认真听讲并思考问题，明确本节课的学习任务。 |

（续表）

| 课时教学设计 |
|---|

**活动意图说明**：通过真实情境让学生对本节课的知识有一个前期的认识，并提升学生的学习兴趣。

**环节二：探究新知（15min）**

| 教师活动2 | 学生活动2 |
|---|---|
| 1. 你能根据自己的生活经验，用自然语言描述"种植西红柿"的过程吗？<br>2. 根据学生的实际回答给予回应和评价，并通过标准的自然语言逐步完善学生的回答，渗透"循环结构"的定义。 | 1. 根据自己的生活经验作答。<br>2. 提出自己的问题。 |

**活动意图说明**：通过实例，引导学生用自然语言描述算法，并在此过程中渗透关于"循环结构"的知识。

**环节三：小试牛刀（15min）**

| 教师活动3 | 学生活动3 |
|---|---|
| 1. 独立尝试<br>让学生尝试独立画出包含循环结构的流程图。<br>2. 教师规范<br>通过课堂查看，有针对性地找出几位同学的作品，通过"改错纠正"的方式，在黑板上画出完整且标准的流程图。<br><br>（流程图：开始→播种→固定支柱→浇水→施肥→西红柿是否成熟？否→浇水；是→结束）<br><br>3. 修改完善<br>根据标准流程图，让学生再次完善自己绘制的流程图。 | 1. 绘制流程图。<br>2. 根据教师的指导完善流程图。 |

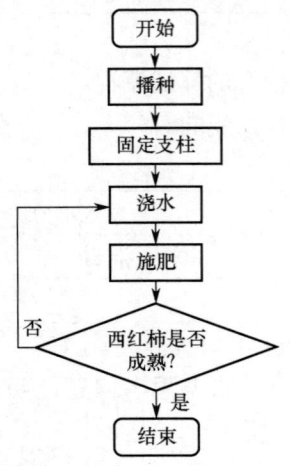

**活动意图说明**：通过"尝试—纠错—迭代"的形式，让学生对循环结构有更深的了解和认识。

| 课时教学设计 |
|---|
| 评价（共 5 分，通过智慧校园评价系统加分）<br>（1）完成流程图的绘制。（3 分）<br>（2）积极主动分享。（1 分）<br>（3）补充完善流程图。（1 分） |

环节四：回顾总结（5min）

| 教师活动 4 | 学生活动 4 |
|---|---|
| 1．这节课你学到了什么？<br>2．这节课你还有什么疑惑？ | 完成对整节课内容的梳理。 |

活动意图说明：整合课时内容，形成知识结构。

安全小提示：按时做眼保健操，让每个人都有健康的眼睛。

8．课时教学板书设计

循环结构

9．课时作业设计

生活中还有哪些运用循环结构的例子？请用流程图描述出来。

10．课时教学反思（实施后填写）

# 第 6 课时　项目实践 2：利用程序验证算法（循环结构）

| 课时教学设计 ||
|---|---|
| 单元名称 | 认识算法 |
| 第 6 课时 | 项目实践 2：利用程序验证算法（循环结构） |

### 1. 课时教材分析

本节课主要通过源码编辑器验证实现循环结构的算法，让学生感受在计算机中实现算法的可行性。通过源码编辑器的编程过程，进一步让学生感受循环结构的特点。

### 2. 课时学情分析

本节课是针对"循环结构"这一算法概念及其具体实现而设计的，通过引用生活实例，鼓励学生在源码编辑器中去实现流程图的算法结构。由于学生本身对计算机编程比较感兴趣，所以本节课学生的学习积极性会很高。

循环结构在源码编辑器中的实现形式有很多种，需要学生通过认真思考和讨论得出实现循环结构的形式，进而实现编程的完整呈现。

### 3. 课时学习重点

通过源码编辑器呈现算法的循环结构。

### 4. 课时学习难点

选择和确定循环结构在源码编辑器中的编程实现形式。

### 5. 开放性学习环境

（1）机房环境配置：教师机、学生机、屏幕、白板。
（2）其他软硬件工具：源码编辑器、电子教室。

### 6. 课时学习目标

（1）掌握循环结构在源码编辑器中的实现形式。
（2）通过源码编辑器的验证，梳理循环结构在编程过程中的特点。
（3）能有创意地进行编程。

### 7. 课时教学过程

| 教师活动 | 学生活动 |
|---|---|
| 环节一：情境引入（5min） ||
| 教师活动 1<br>引入情境<br>提问：在西红柿的种植过程中，哪些环节构成了循环或重复的结构？<br>提问：你认为循环结构的主要特征是什么？ | 学生活动 1<br>根据教师给出的情境，回顾上节课的知识，并回答问题。 |

(续表)

| 课时教学设计 ||
|---|---|
| | **活动意图说明**：巩固上节课的内容，明确循环结构的特点，让学生做好充分的学习准备。 |
| | **环节二：探究新知（15min）** |
| **教师活动 2**<br>1．展示流程图，解读流程图<br>展示上节课已经完成的标准流程图，梳理流程图中的各个环节。<br><br>开始 → 播种 → 固定支柱 → 浇水 → 施肥 → 西红柿是否成熟？（否：回到浇水；是：结束）<br><br>2．让学生分组讨论如何在源码编辑器中实现流程图的算法结构。<br>3．给出循环结构的呈现方式<br><br>当 按下 a<br>发送广播 "西红柿成熟了"<br><br>当 按下 b<br>发送广播 "西红柿没有成熟"<br><br>当 开始 被点击<br>新建对话框 "西红柿是否成熟了？"<br><br>当 收到广播 "西红柿成熟了"<br>下一个 造型<br><br>当 收到广播 "西红柿没有成熟"<br>新建对话框 "我们还需要浇水和施肥" | **学生活动 2**<br>1．小组讨论如何在源码编辑器中实现流程图中的算法结构。<br>2．在源码编辑器中实现流程图的算法结构。 |

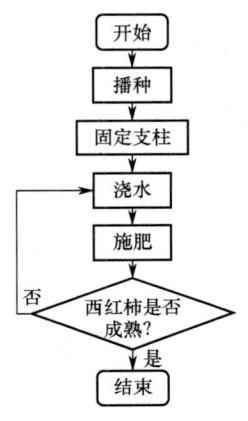

(续表)

## 课时教学设计

| | |
|---|---|
| 活动意图说明：灵活的编程过程能够让学生充分感知"循环结构"带来的特殊变化，体验源码编辑器给学习带来的乐趣，提高学生的创新能力和思维能力。 | |
| **环节三：分享整合（15min）** | |
| 教师活动3<br>1．根据学生的实际编程过程，选择有创意的作品进行展示与评价。<br>2．进一步规范循环结构在源码编辑器中的实现过程，并进行知识整合。<br>3．对学生作品进行整体评价，并让学生对自己的作品进行修改与完善。 | 学生活动3<br>1．对展示作品提出自己的想法和建议。<br>2．学习他人作品的优点。<br>3．完善自己的作品。 |
| 活动意图说明：通过展示交流，整合本节课知识，规范编程过程，完善学生作品，争取实现全员完成的教学效果。 | |
| **环节四：回顾总结（5min）** | |
| 教师活动4<br>1．同学们有什么收获呢？还有什么疑惑吗？<br>2．梳理本节课的知识，收集优秀的作品。 | 学生活动4<br>结合教师给出的知识结构，梳理本节课内容，并提出自己的疑惑。 |
| 活动意图说明：整合学习内容，强化学习效果，形成知识框架。 | |

8．课时教学板书设计

程序验证<br>循环结构　　　广播

9．课时作业设计

通过源码编辑器验证流程图的算法结构。

10．课时教学反思（实施后填写）

# 第6单元 身边的算法

本单元学习的主要内容为身边的算法，主要培育以下核心素养。

1. 信息意识：学生能够感知身边的信息，认识信息的重要性，并能够有效地获取、分析和利用信息。

2. 计算思维：学生能够运用算法解决问题，理解算法的基本概念和原理，并能够用自然语言描述算法。

3. 数字化学习与创新：学生能够利用计算机视觉等技术进行创新实践，提高数字化学习和创新能力。

4. 信息社会责任：学生能够理解信息技术对社会的影响，遵守信息社会道德和网络法律法规，积极参与信息社会的建设。

本单元分为8个课时，分别为"体验身边的算法，用自然语言描述算法（农夫过河）""计算硬币的个数——用算法解决问题""计算机视觉""飞翔的小鸟""租车方案设计（1）""租车方案设计（2）""项目实践：你的身材标准吗？（1）""项目实践：你的身材标准吗？（2）"。8个课时的内容之间相互关联，逐步深入，从算法的基础概念和基本应用出发，通过实际问题的解决和项目实践，让学生逐步掌握算法的知识和技能，提高学生的问题解决能力和创新能力，体现了学习内容与素养培育的衔接、递进。

## 第1课时 体验身边的算法，用自然语言描述算法（农夫过河）

| 课时教学设计 ||
|---|---|
| 单元名称 | 身边的算法 |
| 第1课时 | 体验身边的算法，用自然语言描述算法（农夫过河） |
| 1. 课时教材分析 |||

《课程标准》指出，算法是计算思维的核心要素之一。本课选自"身边的算法"中的案例"农夫过河"。本节课中，学生需要从数学问题中获取信息，并进行信息加工、筛选和分析。此外，学生需要运用自然语言描述算法，并通过实际演练得出结果。

本节课让学生运用计算机科学领域的思想方法，求解"农夫过河"的问题，同时设计了一系列的思维活动，以引发学生的思考，提高学生的计算思维能力。

（续表）

## 课时教学设计

**2．课时学情分析**

本节课的授课对象为五年级的学生，在学习本节课之前，学生已经认识了算法，并了解了算法的特征和基本概念。

**3．课时学习重难点**

能够用自然语言描述生活中的算法。

**4．开放性学习环境**

希沃白板、教室。

**5．课时学习目标**

（1）通过课堂实践，掌握使用自然语言描述算法的方法。

（2）在学习、探究和实践的过程中，了解用自然语言描述算法的特点。

**6．课时教学过程**

**环节一：情境导入（5min）**

| 教师活动1 | 学生活动1 |
|---|---|
| 创设情境：<br>秋天是丰收的季节，到处都是沁人心脾的花果香。但一位农夫却遇到了一个棘手的问题：他收获了一筐鲜美的蔬菜、一只肥美的兔子和一只精明的狗，这本来是一件令人开心的事情，可是农夫在回家的途中要经过一条河，河上只有一艘船，而且船很小，一次最多可以载农夫和另一样东西过河。而农夫不在的时候，狗会吃兔子，兔子会吃菜。<br>请问农夫怎样才能把狗、兔子、菜都安全地运到河对岸呢？<br>引出问题：<br>1．从这个问题中，同学们能获取哪些信息？<br>2．要解决这个问题，你有什么办法？请和你的同桌一起探讨一下吧。 | 从"农夫过河"的问题中获取有用的信息，并和同桌探讨解决该问题的办法。 |

活动意图说明：通过创设情境，引出问题，激发学生的学习兴趣。

**环节二：新知学习（22min）**

| 教师活动2 | 学生活动2 |
|---|---|
| 1．分析"农夫过河"问题。<br>（1）这个问题中的角色有哪些？<br>（2）这个问题中的关键条件是什么？隐藏条件是什么？ | 回答问题：（1）农夫、狗、兔子、菜。<br>（2）农夫不在时，狗吃兔子，兔子吃菜；隐藏条件是农夫需要划船。 |

（续表）

| 课时教学设计 ||
|---|---|
| 2. 利用纸片进行模拟演练。<br>（1）绘制角色纸片。<br><br>　（农夫）　（狗）　（兔子）　（蔬菜）<br><br>（2）模拟过河过程（梳理思路）。<br>　请与同桌一起合作探究，并记录解决该问题的过程。<br><br>\| 步骤 \| 过程 \|<br>\|---\|---\|<br>\| 步骤一 \| \|<br>\| 步骤二 \| \|<br>\| 步骤三 \| \|<br>\| 步骤四 \| \|<br>\| 步骤五 \| \|<br>\| 步骤六 \| \|<br>\| 步骤七 \| \|<br>\| 步骤八 \| \|<br><br>3. 上台展示验证成果。<br>　让学生上台展示验证成果（两人一组）。 | 　与同桌一起模拟过河，并记录模拟过程，在这个过程中学会协同合作。<br>　在探究的过程中互相交换角色，做对方的倾听者、指导者和观察者。<br>　上台验证，两人一组，一人描述，一人操作道具。 |
| **活动意图说明**：用自然语言描述解决问题的过程，并使用"学具"进行验证。 ||
| **环节三：巩固练习（10min）** ||
| 教学活动3<br>　创设情境：<br>　新的一天到来了，今天农夫运气很好，他收获了三只兔子和三只狗。回家的路上，农夫又遇到了渡河的问题。河上只有一艘小船，这艘小船一次只能容纳一个人和两只动物。在没有人的情况下，如果狗的数量不少于兔子的数量，狗就会吃掉兔子。<br>　请你帮助农夫设计一个安全的过河方法，并记录过河的全过程。 | 学生活动3<br>　思考问题，获取有效信息。<br>　进行问题解析，厘清思路。<br>　两人合作完成探究过程，一人记录，一人操作道具。<br>　思考算法的实现过程。 |

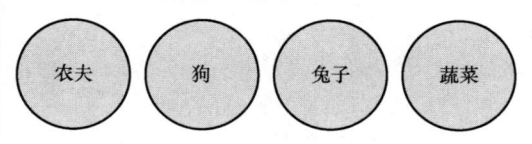

(续表)

## 课时教学设计

| | |
|---|---|
| 问题分析：<br>1．这个问题中的角色有哪些？<br>2．这个问题的关键条件是什么？你是怎么思考的？<br>3．农夫首先要带哪只小动物过河？为什么？<br>填写任务单中的过程表：<br><br>| 步骤 | 过程 |<br>|---|---|<br>| 步骤一 | |<br>| 步骤二 | |<br>| 步骤三 | |<br>| 步骤四 | |<br>| 步骤五 | |<br>| 步骤六 | |<br>| 步骤七 | |<br>| 步骤八 | |<br><br>探讨：<br>用自然语言描述解决问题的过程与算法之间有什么关联？<br><br>探究过程　思考：用自然语言描述解决问题的过程与算法之间有什么关联？<br><br>| 步骤 | 过程 |<br>|---|---|<br>| 步骤一 | 农夫带着两只狗过河 |<br>| 步骤二 | 农夫返回岸边 |<br>| 步骤三 | 农夫带着狗和兔子过河 |<br>| 步骤四 | 农夫带着兔子返回岸边 |<br>| 步骤五 | 农夫带着两只兔子过河 |<br>| 步骤六 | 农夫带着两只狗返回岸边 |<br>| 步骤七 | 农夫带着一只兔子和一只狗过河 |<br>| 步骤八 | 农夫带着一只狗返回岸边 | | |

### 环节四：总结归纳（3min）

| **教师活动4**<br>这节课我们学习了用自然语言来描述算法，知道了算法的实现过程。下节课我们将继续学习算法的描述方法——流程图。<br>填写实践活动评价表。 | **学生活动4**<br>回顾本节课内容。<br>对自己的表现进行评价。 |
|---|---|

（续表）

| 课时教学设计 ||
|---|---|
| 请根据本次实践活动，对自己的表现进行评价。 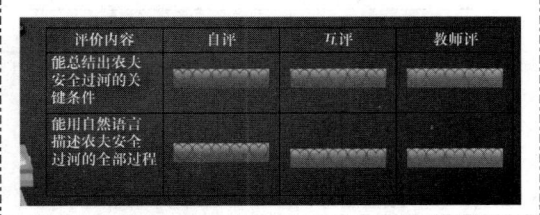<br><br>| 评价内容 | 自评 | 互评 | 教师评 |<br>\|---\|---\|---\|---\|<br>\| 能总结出农夫安全过河的关键条件 \| \| \| \|<br>\| 能用自然语言描述农夫安全过河的全部过程 \| \| \| \|<br><br>活动意图说明：通过用自然语言描述解决问题的过程，进一步熟悉算法，在生活中遇到类似的问题时，能有意识地用算法解决问题。 ||
| 7．课时教学板书设计<br>  体验身边的算法，用自然语言描述算法（农夫过河）<br><br>        农夫过河的问题 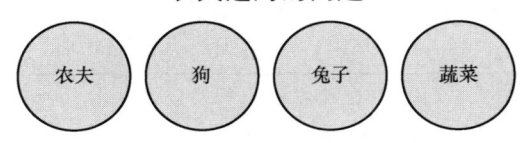<br><br>   农夫   狗   兔子   蔬菜 ||
| 8．课时作业设计 ||
| 9．课时教学反思（实施后填写） ||

# 第 2 课时 计算硬币的个数——用算法解决问题

| 课时教学设计 ||
|---|---|
| 单元名称 | 身边的算法 |
| 第 2 课时 | 计算硬币的个数——用算法解决问题 |
| **1. 课时教材分析** |||
| 本课选自《课程标准》中"身边的算法"模块的案例"计算硬币的个数"。在本节课中,学生将使用流程图来描述算法,并通过上机验证算法的执行过程和结果,提高计算思维能力。 |||
| **2. 课时学情分析** |||
| 在学习本节课之前,学生已经认识了算法,了解了算法的特征,并掌握了描述算法的三种方式:用自然语言描述算法、用流程图描述算法、用图形化编程语言验证算法。此外,他们还掌握了绘制流程图的规则。 |||
| **3. 课时学习重难点** |||
| 学会将复杂问题分解为多个容易解决的小问题,并通过解决这些小问题来解决整体问题。 |||
| **4. 开放性学习环境** |||
| (1) 机房环境配置:交互智能平板、电子教室。<br>(2) 其他软硬件工具:WPS、图形化编程软件。 |||
| **5. 课时学习目标** |||
| (1) 通过运用算法解决问题,体会用算法解决问题的思路。<br>(2) 能够根据流程图完成算法程序,并上机进行验证。 |||
| **6. 课时教学过程** |||

| 环节一:导入(5min) ||
|---|---|
| 教师活动 1 | 学生活动 1 |
| 在前面的课程中我们提到过,在解决问题时可以使用算法。本节课我们将学习如何使用算法计算硬币的个数。请同学们看这道题目:<br>  现有一袋 2 分和 5 分的硬币,共计 41 个,总值是 154 分。请问 5 分硬币有多少个?<br>  请同学们思考一下,如果让你来解决这个问题,你会用什么方法?请尝试一下吧。 |   思考并回答问题。(预设答案:最小公倍数、解方程。)<br>  尝试用数学办法求解。 |

## 第6单元 身边的算法

(续表)

### 课时教学设计

**活动意图说明**：在用数学方法解决这个问题的过程中，部分学生可能难以列出方程，部分学生虽然能够列出方程，但可能需要花费较多的时间，而当题目抽象为共计 $m$ 个硬币和硬币总值 $n$ 分时会更难求解。引导学生先用数学方法求解问题，再使用算法的思路来解决问题，感受使用算法解决问题的优势。

**环节二：新知学习（32min）**

| 教师活动2 | 学生活动2 |
| --- | --- |
| 1.分析问题。<br>想一想，可否把这个问题分解成多个容易解决的小问题？<br>填空回答问题：<br>（1）如果41个硬币都是2分硬币，则总值为（ ）分。<br>（2）如果用1个5分硬币替换1个2分硬币，单个值就会增加（ ）分。<br>（3）现在总值是154分，与82分相差（ ）分。<br>（4）需要替换的硬币个数为（ ）个，即5分硬币的个数为（ ）个。<br>请几位同学说一说自己填写的结果。<br>如果把整个计算过程列为一个算式，应该如何列？<br>请同学们按照做这道题的思路，来做以下练习。<br>现有一袋2分和5分的硬币，共计30个，总值为102分。请问，5分硬币有多少个？ | 问题回答：<br>（1）如果41个硬币都是2分硬币，则总值为（41*2=82）分。<br>（2）如果每个2分硬币用1个5分硬币替换，单个值就会增加（5-2=3）分。<br>（3）现在总值是154分，与82分相差（72）分。<br>（4）需要替换的硬币个数为（72/3=24）个，即5分硬币的个数为24个。<br>思考并得出结论：（154-41*2）/（5-2）=24（个）。<br>完成练习：<br>（1）如果30个硬币都是2分硬币，则总值为（60）分。<br>（2）如果每个2分硬币用1个5分硬币替换，单个值就会增加（3）分。<br>（3）现在总值是102分，与60分相差（42）分。<br>（4）需要替换的硬币个数为（14）个，即5分硬币的个数为14个。<br>算式：（102-2*30）/（5-2）=14（个） |

· 83 ·

(续表)

## 课时教学设计

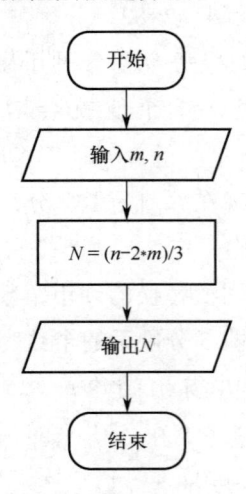

| | |
|---|---|
| 提问：如果将问题一般化为"现有一袋 2 分和 5 分的硬币，共计 $m$ 个，总值为 $n$ 分。请问 5 分硬币有多少个？"这个问题还可以按照前面的 4 个计算步骤求解吗？怎么做呢？<br><br>提问：如果我们设变量 $N$，代表 5 分硬币的个数。用 $m$，$n$ 怎么表示 $N$ 呢？<br><br>2．用流程图描述算法。<br><br>```
开始
  ↓
输入 m, n
  ↓
N = (n-2*m)/3
  ↓
输出 N
  ↓
结束
```<br><br>现在我们根据流程图来描述这个算法。<br>首先，输入硬币的数量 $m$ 和硬币的总值 $n$，然后计算 5 分硬币的数量 $N$（$N=(n-2*m)/3$），再输出结果 $N$ 之后，程序结束。<br><br>3．用图形化编程语言验证算法。<br>请同学们打开编程环境完善程序，并输入 $m$ 的值 41 和 $n$ 的值 154，来验证输出的 $N$ 是不是 24。 | 思考并回答：<br>1．如果 $m$ 个都是 2 分硬币，则总值为（$2m$）分。<br><br>2．如果每用 1 个 5 分硬币替换 1 个 2 分硬币，每个值就会增加（5-2=3）分。<br><br>3．现在总值是 $n$ 分，与 $2m$ 分相差（$n$-$2m$）分。<br><br>4．需要替换的硬币个数为（($n$-$2m$)/(5-2)）个，即 5 分硬币的个数为（($n$-$2m$)/3）个。<br><br>算式：$N=(n-2*m)/3$。<br><br>认真听讲并思考，积极回答教师提出的问题。 |
```

## 第6单元 身边的算法

（续表）

| 课时教学设计 |
|---|

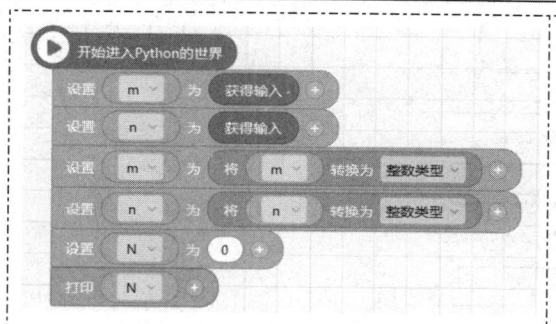

请同学们再输入其他 *m* 和 *n* 的值，观察输出的 *N* 的结果，对于所有的输入都能输出正确的 *N* 吗？

同学们思考一下，*m* 和 *n* 需要满足什么条件才能输出正确的 *N* 呢？

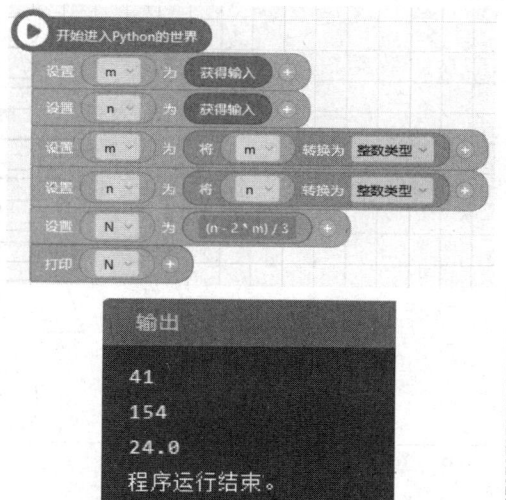

输出
41
154
24.0
程序运行结束。

**活动意图说明**：通过分析问题，引导学生将复杂问题划分为多个可解决的小问题，再用流程图描述算法，最后用图形化编程语言验证算法。在这个过程中，学生将会深刻体会到：用算法解决问题的效率比用数学方法手动计算的效率更高。

环节三：总结归纳（3min）

**教师活动3**

总结：这节课我们学习了用算法的思路来解决计算硬币个数的问题。首先，我们将这个问题划分为多个可解决的小问题，然后使用流程图来描述算法，最后，我们利用图形化编程语言对算法进行验证。希望同学们在今后的生活中，面对复杂问题时能够学会将其拆解为若干个可解决的小问题，通过逐一解决这些小问题来解决整体问题。

**学生活动3**

回顾本节课内容。

**活动意图说明**：回顾和总结本节课内容。

7．课时教学板书设计

计算硬币的个数
——用算法解决问题
变量 *N*
*N*=(*n*−2\**m*)/3

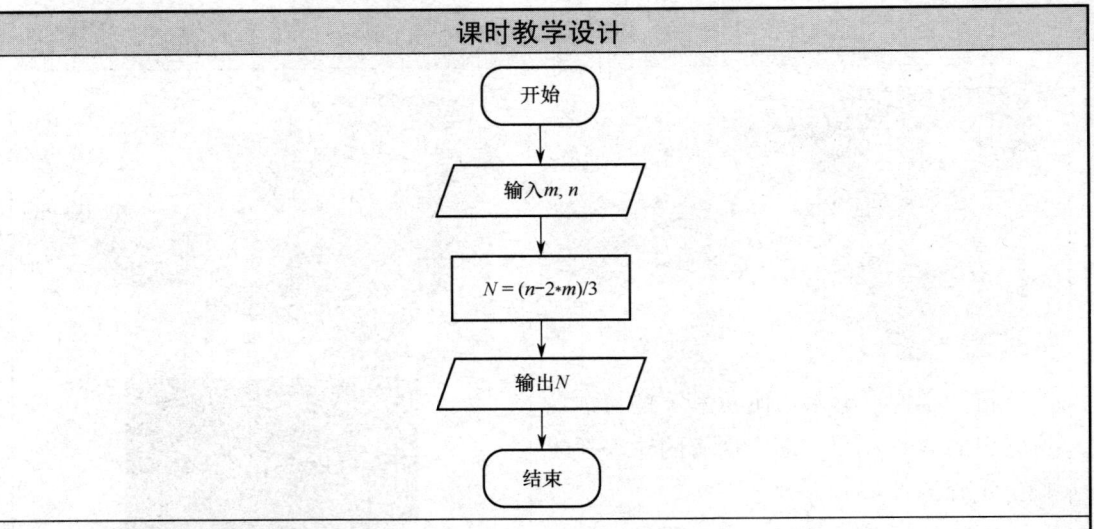

| 课时教学设计 |
|---|
| 开始 ↓ 输入 m, n ↓ N = (n−2∗m)/3 ↓ 输出 N ↓ 结束 |
| 8. 课时作业设计<br>思考：<br>① 算法中的 m 和 n 需要满足什么条件？<br>② 现有一袋 2 分和 5 分的硬币，共计 m 个，总值为 n 分。请问，5 分硬币有多少个？ |
| 9. 课时教学反思（实施后填写） |

第 6 单元 身边的算法

## 第 3 课时 计算机视觉

| 课时教学设计 ||
|---|---|
| 单元名称 | 身边的算法 |
| 第 3 课时 | 计算机视觉 |
| 1. 课时教材分析<br>　　本节课的目标是让学生了解计算机视觉的概念及其基本原理，并体验它在日常生活中的广泛应用。通过在浦育实验平台上进行 AI 图像训练的活动，学生将亲身体验计算机视觉技术。同时，本课程还将通过学习计算机视觉在不同领域应用的案例，帮助学生多方位了解计算机视觉技术的发展，并增强学生的信息意识。 ||
| 2. 课时学情分析<br>　　五年级的学生已经具备了优秀的观察能力，可以生动地描述计算机视觉在学校和生活中的实际应用。同时，他们在之前的科学课上已经系统地学习了眼睛和大脑的功能，这些知识有助于他们理解教师在课堂上对计算机视觉所做的比较分析。此外，学生通过之前的课程对实验平台有了一定的了解。因此，在本节课中，学生能够熟练使用实验平台，完成实验。 ||
| 3. 课时学习重难点<br>　　理解计算机视觉的概念及在生活中的常见应用。 ||
| 4. 开放性学习环境<br>　（1）机房环境配置：教师机、学生机、电子教室。<br>　（2）其他软硬件工具：浏览器、教育平台、题单。 ||
| 5. 课时学习目标<br>　（1）了解计算机视觉的概念，知道现代计算机视觉的基本原理。<br>　（2）了解并体验计算机视觉在生活中的常见应用。<br>　（3）通过完成 AI 图像训练，体验计算机视觉技术。<br>　（4）了解人工智能对人类生产、生活、学习等各方面的影响，增加对未来科技发展的认识。 ||
| 6. 课时教学过程 ||
| 教师活动 | 学生活动 |
| 环节一：新课导入（3min） ||
| 教师活动 1<br>　1. 引入知识点：人工智能是对人类思维的信息处理过程的模拟。<br>　2. 摄像头是对人类眼睛的模拟，探讨并展示计算机"眼睛"的多样性。 | 学生活动 1<br>　1. 了解人工智能的概念。<br>　2. 识别计算机的"眼睛"。<br>　3. 感受摄像头的多样性。 |

(续表)

## 课时教学设计

**活动意图说明**：让学生了解人工智能的一个基本能力是模拟人类感觉器官。

**环节二：了解计算机视觉（33min）**

| 教师活动2 | 学生活动2 |
|---|---|
| 1．情境引入。<br>（1）播放视频《行车记录仪录像》。<br>（2）思考：行车记录仪为何能够记录司机疲劳驾驶却不会提醒司机？通过分析得出结论："看到"并不等于"理解"。<br>2．将人工智能算法比作人的大脑思维。<br>（1）探讨人类眼睛与大脑的关系；<br>（2）分析得出：眼睛仅仅提供视觉，而大脑才能解读；<br>（3）展示计算机"理解"的过程：一个大数据学习训练的过程，引入计算机视觉的概念；<br>（4）引导学生观察校园门禁，了解计算机是如何获得视觉能力的；<br>（5）展示更多计算机视觉的应用。<br>3．实验验证。<br>（1）打开设置好的项目程序，读取程序；<br><br>（2）通过训练AI（图像分类），亲身体验计算机视觉的应用；<br>（3）得出结论：计算机视觉的应用能够识别不同人脸。 | 1．情境引入<br>（1）观看视频，分析为何摄像头"看到"司机疲劳驾驶却不提醒。<br>（2）独立思考并认真听教师的分析。<br>2．将人工智能算法比作人的大脑思维。<br>（1）了解看到与看懂之间的关系；<br>（2）了解现代计算机的视觉能力是从大量数据中学习的结果；<br>（3）了解计算机视觉在生活中的应用；<br>（4）感受计算机视觉给日常生活带来的便利；<br>（5）讨论并分享生活中计算机视觉的应用。<br>3．实验验证。<br>（1）在教师的指导下，打开项目，读取积木块程序；<br>（2）训练图像分类AI；<br>（3）运行并验证计算机可以识别不同的人脸；<br>（4）完成"任务单"。<br>4．知识拓展。<br>（1）观看视频；<br>（2）参与课堂讨论。 |

第6单元　身边的算法

（续表）

| 课时教学设计 |
|---|

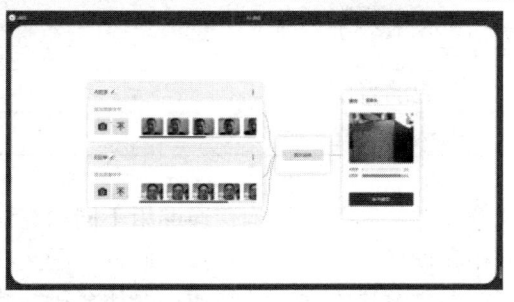

4．知识拓展。
（1）播放计算机视觉在不同领域应用的视频。
（2）让学生分享观看后的感受。

活动意图说明：通过观看视频、讨论、实验验证等多种方式，学生了解了计算机视觉的概念及其在生活中的应用。

环节三：总结与复习（4min）

| 教师活动3 | 学生活动3 |
|---|---|
| 1．提问学生本节课有什么收获。<br>2．布置作业。 | 1．学生畅所欲言。<br>2．填写完毕后提交任务单。 |

活动意图说明：通过总结让学生巩固本节课所学知识。布置发散性的作业，锻炼学生的观察力、想象力、独立思考能力。

7．课时教学板书设计

计算机视觉

眼睛 → 大脑

看到 → 看懂

摄像头 → 人工智能算法
　　　　　　　　↓
　　　　　从数据中学习

8．课时作业设计
1．实验结论。
计算机能否像人一样识别不同的人脸？
2．思考题。
（1）我们在哪些领域还能应用计算机视觉？
（2）观察生活，利用计算机视觉设计一个方案使我们的生活更加便利。

9．课时教学反思（实施后填写）

# 第 4 课时 飞翔的小鸟

| 课时教学设计 ||
|---|---|
| 单元名称 | 身边的算法 |
| 第 4 课时 | 飞翔的小鸟 |

**1. 课时教材分析**

在本课中，学生将学习算法控制结构中的顺序结构和循环结构，通过用不同的算法控制结构来解决相同的问题，深入理解顺序结构和循环结构的不同特点。此外，学生在学习过程中能认识到在解决同一问题时可能存在多种解决方案，并能通过对比分析，找出其中的最优解。

**2. 课时学情分析**

技术层面：学生对源码编辑器已经有了初步的了解，能够添加素材并搭建简单的顺序控制结构，使设定的角色按照要求移动。

知识认知层面：尽管学生对算法有了初步的理解，但对信息科技学科中的算法认知仍然比较模糊，对算法中的各种控制结构也缺乏系统性学习，正处于初步接触和了解阶段。

**3. 课时学习重点**

（1）学会实现"小鸟振翅"的两种算法控制结构。

（2）通过优化代码，体验不同算法在同一问题中的差异，感受它们的优劣。

**4. 课时学习难点**

两种算法控制结构的实现。

**5. 开放性学习环境**

（1）机房环境配置：教师机、学生机、实物展台。

（2）其他软硬件工具：源码编辑器、WPS。

**6. 课时学习目标**

（1）认识算法的特点；能够用自然语言和流程图描述算法，并学会实现"小鸟振翅"的两种算法控制结构。

（2）理解循环结构和顺序结构，能够应用它们解决实际问题，体验使用不同方法解决同一问题时的效率差异。

（3）通过编程验证各种算法控制结构的运行过程，同时体验代码优化的过程。

**7. 课时教学过程**

环节一：新课引入（猜猜我是谁）

| 教师活动 1 | 学生活动 1 |
|---|---|
| 1．设计一个以森林为背景的虚拟环境，设置各种动物角色，并为这些动物配置语音模块，实现点击不同动物时发出不同的声音的效果。 | 与教师互动，体验点击这些小动物后发生的不同变化。（发出声音，并做出动作） |

(续表)

| 课时教学设计 |||
|---|---|---|
| 2. 设定互动环节：要求学生按照一定的顺序来点击动物。 |||
| **活动意图说明**：按顺序点击是一种有序思考和有序操作的过程，通过这种互动，激发学生的学习热情，引发学生的深刻思考，激发他们对课程的探究欲望。 |||
| **环节二：探索顺序结构（15min）** |||
| 教师活动2 | 学生活动2 ||
| 1．提问：同学们对动画了解吗？了解动画的原理吗？（动画原理：利用人眼的视觉暂留效应）<br>我们将通过快速翻动两张画着小鸟张开翅膀的A4纸，展示"振翅"效果。<br>2．结合前一环节的演示，将多张相似画面有序地画在黑板上，强调用准确的语言描述"造型""切换"等动画元素。使用流程图中"带方向的流程线"进行逐一标记。通过提问，引导学生绘制"流程图"，让他们了解这种"自上而下，依次按顺序执行"的算法控制结构，即顺序结构。<br>3．提问：小鸟在什么情况下会振翅？<br>4．实践活动：根据黑板上的顺序结构，利用源码编辑器编写"小鸟振翅"的程序，实现小鸟飞翔的动画效果。设置倒计时5分钟。<br>5．提问：你有什么发现？观察小鸟的动作，为什么程序里有3个"下一个造型"模块，但只动了1次？如何解决这个问题？（引出等待$x$秒模块）<br>预设回答1：利用模块"等待$x$秒"，可以解决这个问题。<br>预设回答2：只用1次"下一个造型"模块，但多次点击。<br>6．优化已编写好的程序，实现更流畅的"振翅"效果。展示优化后的程序并质疑：如果动作太慢了怎么办？如果太快了怎么办？引导学生思考并讨论解决方案。 | 1．根据教师的提问，结合自己的实际情况讨论关于动画的相关知识。<br>预设1：没听说过动画。<br>预设2：看过动画片，了解动画原理（人眼的视觉暂留效应）。<br>预设3：系统地学习过动画，可以为大家详细介绍动画的制作过程。<br>2．通过教师的纸片演示，认识动画原理，初步感受动画是连续播放多个"静态"图并形成具有动态效果的画面。<br>根据教师的要求上讲台并绘制流程图。<br>3．根据教师的活动要求，通过源码编辑器编写"小鸟振翅"的代码程序。<br>在规定的时间内，能通过"当角色被点击""下一个造型"等模块实现小鸟振翅的动画效果，并解释说明自己编写的代码。<br>4．预设提问1：我的程序只有1个"下一个造型"模块，他的有3个，为什么最后效果一样？<br>预设提问2：为什么设置了3个"下一个造型"模块，但只看到了1次振动效果？<br>5．根据大家讨论的结果优化程序。 ||

（续表）

| 课时教学设计 ||
|---|---|
| 活动意图说明：通过实践活动，学生了解了顺序结构算法的特点。通过用自然语言、流程图描述算法，学生掌握了实现动画效果的具体步骤。同时，学生对执行代码程序未达到理想效果的情况进行深入分析，并通过实践操作来优化程序，培养了计算思维能力。 ||
| **环节三：探索循环结构（15min）** ||
| 教师活动3 | 学生活动3 |
| 1．提问：面对这么多重复的程序代码，同学们有何想法？（引出"循环"的概念）<br>2．引入循环结构、循环体（重复执行的命令）、循环条件（控制循环开始和结束）的概念。结合学生的讨论和思考，板书循环结构的流程图。<br>提问：如何结束循环？在解决问题中，哪一种结构更为高效？<br>3．实践活动：利用"循环执行 $x$ 次"模块，结合流程图，再次优化自己的程序。<br>4．展示学生的程序，讨论循环结构和顺序结构的异同，提出循环结构的优势在于提高效率和简化编程的工作量。 | 1．问题回答：这些代码可以实现飞翔的动画效果，但如果一直持续下去需要编写大量的重复代码。<br>针对此问题，我们可以使用"重复执行"模块。<br>2．学习关于循环结构的内容，积极参与讨论，并完成循环结构的流程图。<br>问题回答：通过控制执行的次数（使用"重复执行 $x$ 次"模块）。<br>在需要重复执行多次的情况下，使用循环结构；而在只需要执行一次的情况下，使用顺序结构。<br>3．根据教师布置的任务完成相关活动，再次优化自己的程序。<br>4．展示自己的程序，向同学们解释说明自己的循环结构具有哪些特点和优势。 |
| 活动意图说明：通过分析流程图，引导学生发现在涉及重复操作的情况下，使用循环结构比顺序结构更加高效。然而，需要注意的是，这两种结构各有优势，解决问题时应根据具体情况进行选择。这个过程旨在培养学生解决问题的能力，发展他们的计算思维。 ||
| **环节四：总结创新环节（5min）** ||
| 教师活动4 | 学生活动4 |
| 1．实践活动：利用学过的两种结构，让学生对"森林里的动物们"进行创新改编。可以从内容、程序、故事三个方面进行改编，设定完成时间。<br>2．分享学生作品，总结本节课的知识。 | 1．根据教师的要求，选择一个内容进行改编。<br>2．大胆分享自己的作品，并配合教师总结本节课的知识。 |

**活动意图说明**：通过本次活动，学生能进一步加深对循环结构和顺序结构实现过程的理解，并通过富有创新性的探索，运用这两种算法控制结构解决其他问题。这将有助于提高学生的知识迁移能力，并发展他们的计算思维。

8. 课时教学板书设计

9. 课时作业设计

（1）利用"顺序结构"流程图，在源码编辑器中实现小鸟振翅的动画效果。

（2）利用"循环结构"流程图，在源码编辑器中实现小鸟振翅的动画效果。

（3）运用已经学过的两种控制结构，进行创新性的程序改编。

10. 课时教学反思（实施后填写）

# 第 5 课时 租车方案设计（1）

| 课时教学设计 ||
|---|---|
| 单元名称 | 身边的算法 |
| 第 5 课时 | 租车方案的设计（1） |
| 1. 课时教材分析 <br>   本节课和下一节课都围绕同一个实践项目——"租车方案的设计"展开，旨在让学生通过项目实践来进一步加深对算法及三种算法结构的认识。同时，通过绘制流程图和编程验证流程图算法，让学生进一步认识算法在生活中的重要意义。 ||
| 2. 课时学情分析 <br>   五年级的学生对身边的各类实例都充满着好奇心，租车方案的设计是他们特别喜欢研究的一类。目前，学生对算法的三种结构已经有了充分的了解和认识，只是缺乏综合应用的能力。 ||
| 3. 课时学习重点 <br> 用流程图来描述租车方案的算法结构。 ||
| 4. 课时学习难点 <br> 三种算法结构的综合性应用。 ||
| 5. 开放性学习环境 <br> （1）机房环境配置：教师机、学生机。 <br> （2）其他软硬件工具：流程图绘制软件、WPS、电子教室。 ||
| 6. 课时学习目标 <br> （1）独立思考分析，用自然语言描述租车方案的算法结构。 <br> （2）小组讨论研究，用流程图描述租车方案的算法结构。 <br> （3）分析迭代，能准确而精练地用流程图呈现租车方案的算法结构。 ||
| 7. 课时教学过程 ||
| 教师活动 | 学生活动 |
| 环节一：情境引入（5min） ||
| 教师活动 1 <br>   1. 提问：你了解租车的具体收费规则吗？ <br>   2. 板书本节课题目，并引出本节课的内容。 | 学生活动 1 <br>   1. 根据自身实际情况回答教师的问题，并倾听其他学生的经验来丰富自己的认识。 <br>   2. 明确本节课的学习任务。 |

第6单元　身边的算法

（续表）

| 课时教学设计 ||
| --- | --- |
| **活动意图说明**：借助生活中的实际情境，引导学生初步了解本节课的知识内容，激发他们的学习积极性。同时，通过分享，丰富他们对租车方面的认识。 ||
| **环节二：探究新知（15min）** ||
| 教师活动2<br>　　1．思考分析。<br>　　（1）让学生独立思考、分析，构建租车的流程。<br><br>　　询价 → 议价 → 租车<br><br>　　（2）再次分析，租车最重要的环节是什么，如何进行？<br><br>　　议价<br>　　├── 距离<br>　　├── 起步价<br>　　└── 公里价<br><br>　　2．根据设计的租车方案，用自然语言描述租车方案的具体过程。<br>　　3．总结评价。 | 学生活动2<br>　　1．思考：哪些部分体现了所学的算法结构？怎么表述？<br>　　2．根据同学们和教师的讲解与展示，用自然语言描述租车的具体过程，并理解其中包含的算法结构。 |
| **活动意图说明**：通过分析引导，让学生能用自然语言描述租车方案的具体过程，并理解其中包含的算法结构。 ||
| **环节三：小试牛刀（15min）** ||
| 教师活动3<br>　　1．引导学生绘制流程图，用流程图描述租车方案中的算法，并根据每一个环节的流程准确表述算法的意义。<br>　　2．引导学生画出流程图。<br><br>　　询价<br>　　├── 符合心理价位<br>　　└── 不符合心理价位 | 学生活动3<br>　　1．手绘租车方案流程图。<br>　　2．用WPS流程图插件绘制流程图。 |

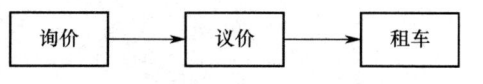

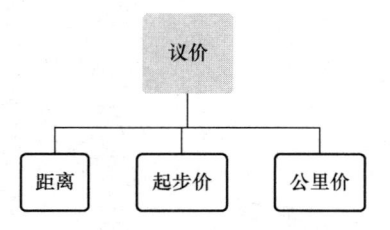

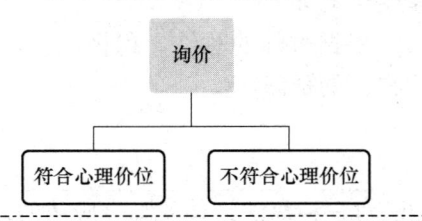

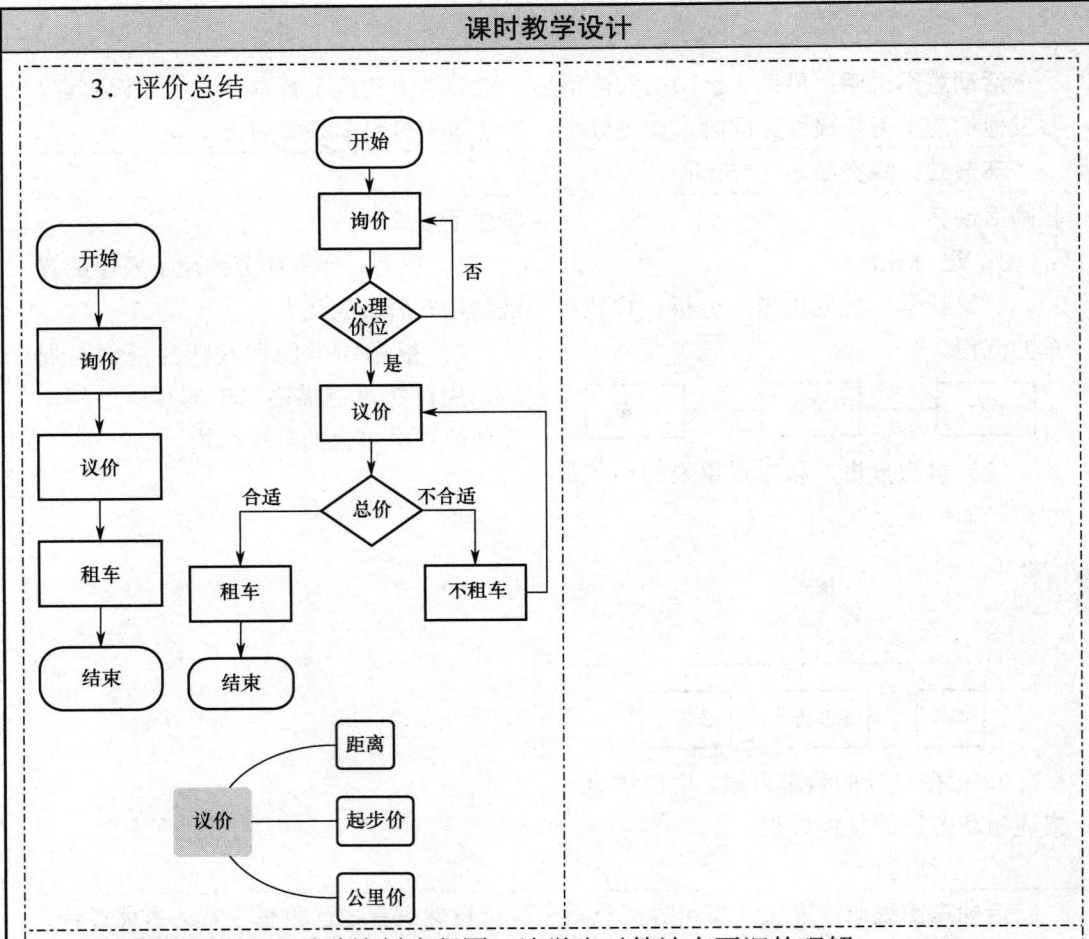

| 课时教学设计 |
|---|
| 3．评价总结<br><br>（流程图：开始→询价→议价→租车→结束；另一流程图：开始→询价→心理价位（否则返回询价，是则议价）→总价（合适则租车→结束，不合适则不租车）；议价包含：距离、起步价、公里价） |
| **活动意图说明**：通过绘制流程图，让学生对算法有更深的理解。 |
| **嵌入式评价（50 分）**<br>（1）独立绘制（30 分）：绘制流程图。<br>（2）提出创新建议（10 分）：对其他同学的设计方案提出建议，并能迭代改进。<br>（3）创新思维（10 分）：有自己的独特见解，并能展示给其他同学，且得到大多数人的认可。 |
| **环节四：回顾总结（5min）** |
| **教师活动 4**<br>　　1．对本节课的重点内容进行板书。<br>　　2．结合流程图，强调方案设计过程中的重难点。<br>　　3．询问学生是否存在其他疑问和困难。 | **学生活动 4**<br>　　根据教师的总结，积极回答，并提出自己的疑问。 |
| **活动意图说明**：结合教师的板书，学生加深对三种算法结构的综合应用的理解。 |
| **安全小提示**：不在强光反射的显示器上面学习。 |

（续表）

| 课时教学设计 |
|---|
| 8．课时教学板书设计 |
| 9．课时作业设计<br>完成租车方案的流程图。 |
| 10．课时教学反思（实施后填写） |

## 第 6 课时　租车方案设计（2）

| 课时教学设计 ||
|---|---|
| 单元名称 | 身边的算法 |
| 第 6 课时 | 租车方案设计（2） |

### 1．课时教材分析

本节课主要让学生通过源码编辑器来验证上节课所学流程图中的算法。同时，学生也将了解源码编辑器中各种代码及其含义，以便他们能充分理解算法的执行过程。

### 2．课时学情分析

使用源码编辑器编程验证流程图所描述的算法是学生最喜欢的教学内容之一。在上一个单元中，学生已经使用源码编辑器对三种算法结构逐一进行了验证，但尚未对三种算法进行综合性验证。因此，本节课的学习内容仍具有一定的难度。

### 3．课时学习重点

使用源码编辑器编程验证租车方案流程图所描述的算法。

### 4．课时学习难点

能利用源码编辑器对三种算法进行综合性验证。

### 5．开放性学习环境

（1）机房环境配置：教师机、学生机、触控一体机。

（2）其他软硬件工具：源码编辑器、WPS、电子教室。

### 6．课时学习目标

（1）利用源码编辑器编程验证算法，并能完整运行算法。

（2）掌握源码编辑器中与本项目相关的编码积木块，并能灵活应用。

（3）通过富有创意的方式，如"多角色"等形式来验证算法。

### 7．课时教学过程

| 教师活动 | 学生活动 |
|---|---|
| 环节一：情境引入（5min） ||
| 教师活动 1<br>1．出示教学课件，巩固上一节课的流程图。<br>2．提问：本节课需要利用源码编辑器来验证算法，同学们有什么想法？ | 学生活动 1<br>　　认真思考，回忆上节课的内容，串联自己的知识。<br>　　积极回答教师的提问。 |

（续表）

## 课时教学设计

**活动意图说明**：通过互动，进一步了解源码编辑器中的相关组件。

**环节二：探究新知（30min）**

| 教师活动 2 | 学生活动 2 |
|---|---|
| 1. 再次展示上节课的流程图，让学生利用源码编辑器"单角色"模式编程实现流程图的完整过程。<br><br>（流程图：开始→询价→心理价位（否则返回询价，是则继续）→议价→总价（合适则租车，不合适则不租车，不合适返回议价）→结束）<br><br>2. 通过小组合作、巡视指导等形式，引导学生通过源码编辑器中的"多角色互动"模式编程实现流程图的完整过程。<br><br>3. 对学生的编程过程给予评价，并给出指导建议。 | 积极思考，利用源码编辑器编程验证算法。<br><br>根据教师和其他同学的指导分享，完成编程。 |

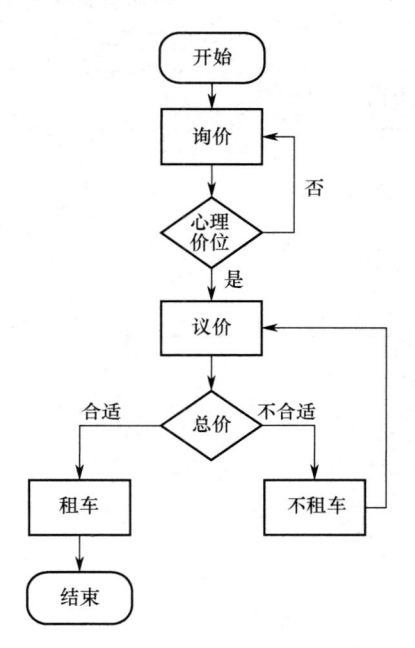

**活动意图说明**：通过独立思考、小组讨论、教师引导等形式，学生逐渐完成编程过程。

**嵌入式评价（合计 50 分）**

（1）编程任务完成（30 分）：能顺利运行，并能完整验证流程图所描述的算法。

（2）课堂纪律（10 分）：评价学生的学习态度，包括学习专注度、讨论状态等。

（3）创新思维（10 分）：编程过程有明显创新点，并能展示自己的创新点。

（续表）

| 课时教学设计 |
|---|

> 环节三：回顾总结（5min）
>
> | 教师活动3 | 学生活动3 |
> |---|---|
> | 1．引导学生分享自己的编程过程，并绘制思维导图，汇总本节课的知识。<br>2．询问学生是否还有疑惑，并给予简要指导。<br>3．提问：如果出现"租车一口价"的情况怎么处理？ | 根据教师的汇总，总结本节课的知识。 |
>
> **活动意图说明**：强化记忆的同时，拓展学生的知识视野。

8．课时教学板书设计

租车方案设计（2）

询价→议价→租车

9．课时作业设计

完成课时编程任务。

10．课时教学反思（实施后填写）

# 第6单元 身边的算法

## 第7课时 项目实践：你的身材标准吗？（1）

| 课时教学设计 ||
|---|---|
| 单元名称 | 身边的算法 |
| 第7课时 | 项目实践：你的身材标准吗？（1） |

### 1. 课时教材分析
本节课的内容包括数据模块中变量的创建、侦测模块的应用、"询问……并等待"和"回答"模块的配对使用、数字和逻辑运算模块的应用及选择、循环语句的使用等。本节课通过"你的身材标准吗"的项目实践，进一步对已学模块的操作方法和合理应用进行巩固。

### 2. 课时学情分析
本节课的教学对象是五年级学生。在之前的课程中，学生已经学习了三种算法结构：顺序结构、循环结构、分支结构，但是他们在三种算法结构的综合运用上还有所欠缺，通过学习本节课，学生能够加深三种算法结构的认识。

### 3. 课时学习重难点
（1）绘制判断身材是否标准的算法流程图。
（2）利用选择语句来判断两个数的大小。

### 4. 开放性学习环境
（1）机房环境配置：教师机、学生机、屏幕、白板。
（2）其他软硬件工具：源码编辑器、电子教室。

### 5. 课时学习目标
（1）能使用自然语言和流程图实现描述判断身材是否标准的算法。
（2）能利用选择语句来实现判断的过程。
（3）通过讨论和分享，提升自主探究的能力，并增强合作交流的意识。

### 6. 课时教学过程

| 教师活动 | 学生活动 |
|---|---|
| 环节一：情境引入（5min） ||
| **教师活动1**<br>1. 请同学们说一说长方形的面积公式。<br>2. 任务一：用自然语言描述求解长方形面积的算法步骤。<br>3. 任务二：用流程图描述求解长方形面积的过程。 | **学生活动1**<br>1. 认真思考教师提出的问题。<br>2. 讨论任务一的解题思路。<br>自然语言描述如下。<br>步骤1：输入长方形长的值；<br>步骤2：输入长方形宽的值；<br>步骤3：计算"长\*宽"的值；<br>步骤4：输出长方形的面积；<br>步骤5：结束。 |

(续表)

## 课时教学设计

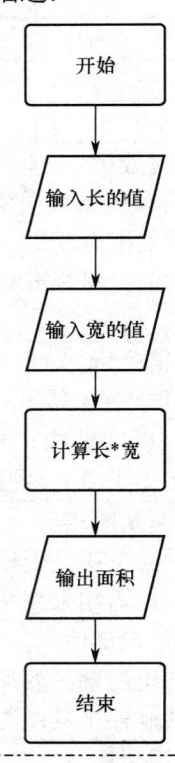

| | 流程图描述： |
|---|---|
| | 开始 ↓ 输入长的值 ↓ 输入宽的值 ↓ 计算长*宽 ↓ 输出面积 ↓ 结束 |

**活动意图说明**：通过数学题导入本节课的内容。

### 环节二：探究新知（30min）

| 教师活动2 | 学生活动2 |
|---|---|
| 想知道自己的身材是否标准吗？请了解体质健康指数（以下简称BMI），并说说自己在哪个范围。<br>中国标准BMI<br>标准：18.5~23.9<br>超重：>23.9<br>偏胖：24~27.9<br>肥胖：>27.9<br>BMI指数（体重或体质指数）=体重（kg）/（身高*身高）(m)<br>例：假设一个成人的身高为1.75m，体重为68kg，他的BMI=68/(1.75*1.75)= 22.2<br>任务三：请你用自然语言描述判断身材是否标准的算法。 | 自然语言描述判断身材是否标准的算法如下。<br>步骤1：输入身高的值；<br>步骤2：输入体重的值；<br>步骤3：计算BMI"体重/身高*身高"；<br>步骤4：判断身材是否在标准范围内；<br>步骤5：结束。<br>判断身材是否标准的流程图： |

(续表)

| 课时教学设计 ||
|---|---|
| 任务四：根据自然语言描述尝试绘制判断身材是否标准的流程图。 | 开始 → 输入身高的值 → 输入体重的值 → 计算BMI："体重/（身高*身高）" → 判断 18.5≤BMI≤23.9？否则结束；是则输出BMI → 结束 |

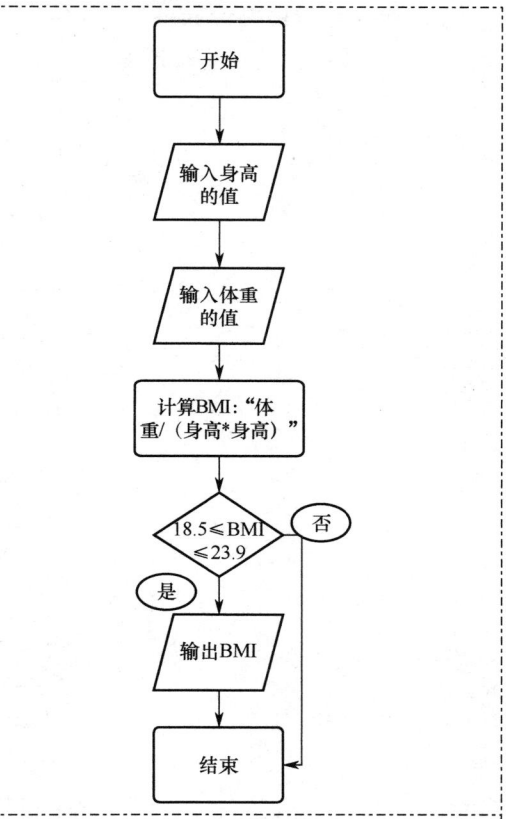

**活动意图说明**：教师在教学过程中主要扮演引导者的角色，鼓励学生自主探索。在借助流程图梳理清楚思路之后，让学生自行实践，独立思考解决问题的策略和方法，并通过实际操作来验证这些解决方案。

**嵌入式评价**

（1）任务完成（20分）：评价本节课的学习成果，能用自然语言、流程图等方式描述判断身材是否标准的算法。

（2）课堂纪律（10分）：评价学生的学习态度，包括出勤时长、学习专注度。

（3）创新思维（10分）：评价学生在学习成果方面的创新或迁移运用，通过图形化编程来启发学生的编程思维，培养学生的计算思维。

（4）资源利用（10分）：评价学生的常规操作，能够利用网络资源设计程序。

**环节三：回顾总结（5min）**

| 教师活动3 | 学生活动3 |
|---|---|
| 询问学生本节课的收获，通过思维导图总结本节课的重难点知识，提出下节课学习任务。 | 总结并梳理本节课所学内容。结合思维导图来梳理并巩固本节课内容。 |

**活动意图说明**：通过思维导图来帮助学生梳理并巩固本节课所学内容。

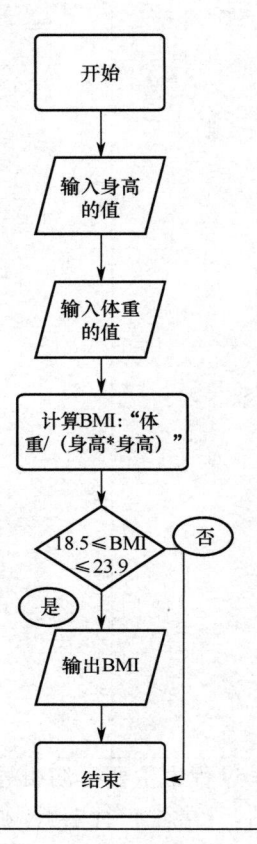

| 课时教学设计 |
|---|
| **7. 课时教学板书设计**<br>项目实践：你的身材标准吗？<br><br>```
开始
 ↓
输入身高的值
 ↓
输入体重的值
 ↓
计算BMI："体重/（身高*身高）"
 ↓
18.5≤BMI≤23.9 ──否──┐
 │是                 │
 ↓                   │
输出BMI              │
 ↓                   │
结束 ←───────────────┘
``` |
| **8. 课时作业设计**<br>尝试完善计算人体 BMI 的流程图。 |
| **9. 课时教学反思（实施后填写）** |
```

# 第8课时 项目实践：你的身材标准吗？（2）

| 课时教学设计 ||
|---|---|
| 单元名称 | 身边的算法 |
| 第8课时 | 项目实践：你的身材标准吗？（2） |

1．课时教材分析

本节课的内容包括数据模块中变量的创建、侦测模块的应用、"询问……并等待"和"回答"模块的配对使用、数字和逻辑运算模块的应用及选择、循环语句的使用等。本节课通过"你的身材标准吗"的项目实践进一步对已学模块的操作过程和合理应用进行巩固。

2．课时学情分析

本节课的教学对象是五年级学生。在之前的课程中，学生已经学习了三种算法结构：顺序结构、循环结构、分支结构，但是他们在三种算法结构的综合运用上还有所欠缺，通过学习本节课，学生能够加深对三种算法结构的认识。

3．课时学习难点

（1）绘制判断身材是否标准的算法；

（2）利用选择语句来判断身材是否标准。

4．开放性学习环境

（1）机房环境配置：教师机、学生机、屏幕、白板。

（2）其他软硬件工具：源码编辑器、电子教室。

5．课时学习目标

（1）能使用自然语言和流程图来描述判断身材是否标准的算法；

（2）能够利用选择语句来实现判断的过程；

（3）通过讨论和分享，提升自主探究的能力，并增强合作交流的意识。

6．课时教学过程

| 教师活动 | 学生活动 |
|---|---|
| 环节一：情境引入（5min） ||
| **教师活动1**<br>大家以前计算过自己的BMI吗？想不想知道自己的身体状况？今天我们继续来进行项目实践：你的身材标准吗？ | **学生活动1**<br>思考并回答问题。 |
| 活动意图说明：导入本节课的内容。 ||

（续表）

| 课时教学设计 |
|---|

**环节二：探究新知（30min）**

| 教师活动 2 | 学生活动 2 |
|---|---|
| 提问：上节课我们已经画出判断身材是否标准的流程图，那你能尝试完善这个身材流程图吗？请同学们以小组合作的形式完成任务一。<br><br>任务一：在流程图中增加判断身材偏瘦、偏胖和肥胖三种情况的分支。<br><br>任务二：根据流程图，尝试完成算法程序的编写。 | 尝试完善流程图：<br><br>开始 → 输入身高的值 → 输入体重的值 → 计算BMI的值 → BMI<18.5？<br>是 → 偏瘦<br>否 → 18.5≤BMI≤23.9？<br>是 → 标准身材，继续保持<br>否 → 23.9<BMI≤27.9？<br>是 → 偏胖<br>否 → 肥胖<br>→ 结束 |

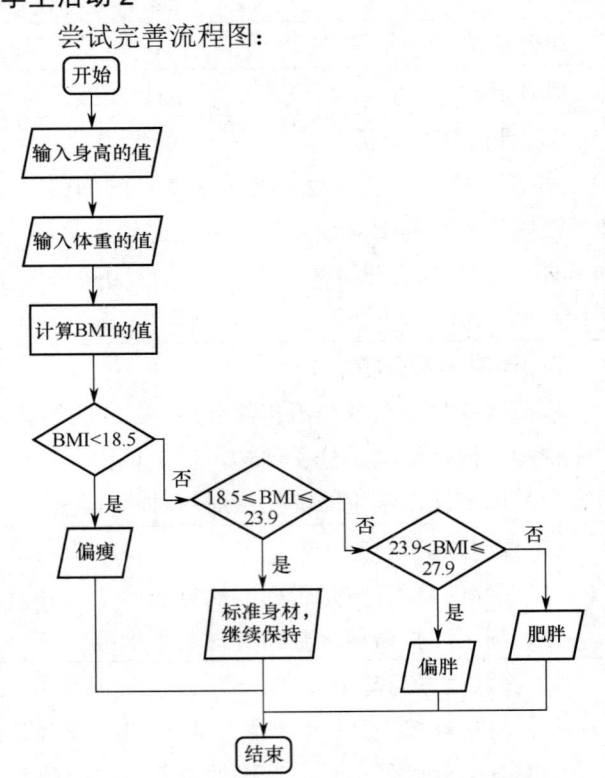

算法程序如下图所示。

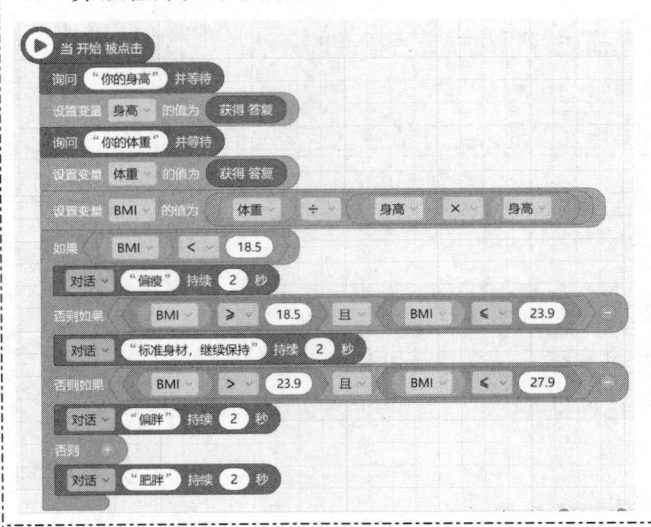

```
当 开始 被点击
询问 "你的身高" 并等待
设置变量 身高 的值为 获得 答复
询问 "你的体重" 并等待
设置变量 体重 的值为 获得 答复
设置变量 BMI 的值为 体重 ÷ 身高 × 身高
如果 BMI < 18.5
    对话 "偏瘦" 持续 2 秒
否则如果 BMI ≥ 18.5 且 BMI ≤ 23.9
    对话 "标准身材，继续保持" 持续 2 秒
否则如果 BMI > 23.9 且 BMI ≤ 27.9
    对话 "偏胖" 持续 2 秒
否则
    对话 "肥胖" 持续 2 秒
```

**活动意图说明**：学生借助流程图来厘清思路，并自行完成编程实践。在遇到问题时能够独立思考解决问题的策略和方法，最后通过实际操作来验证解决方案。

第 6 单元 　 身边的算法

（续表）

| 课时教学设计 |
|---|

**嵌入式评价**

（1）任务完成（20 分）：评价本节课的学习成果，能准确画出判断身材情况的流程图。

（2）课堂纪律（10 分）：评价学生的学习态度，包括出勤时长、学习专注度。

（3）创新思维（10 分）：评价学生在学习成果方面的创新或迁移运用，通过图形化编程来启发学生的算法思维，培养学生的计算思维。

（4）资源利用（10 分）：评价学生的常规操作，能够利用网络资源设计程序。

**环节三：回顾总结（5min）**

| 教师活动 3 | 学生活动 3 |
|---|---|
| 本节课大家学会了什么？<br>你们玩过猜数字游戏吗？你能根据本节课所学知识，拓展迁移，画出猜数字小游戏的算法流程图吗？ | 回顾本节课所学。<br>思考猜数字小游戏的算法。 |

**活动意图说明**：教师帮助学生梳理并巩固本节课所学内容，同时，引出下节课的学习内容。

**安全小提示**：使用电脑时注意用电及开关机安全。

7. 课时教学板书设计

项目实践：你的身材标准吗？（2）

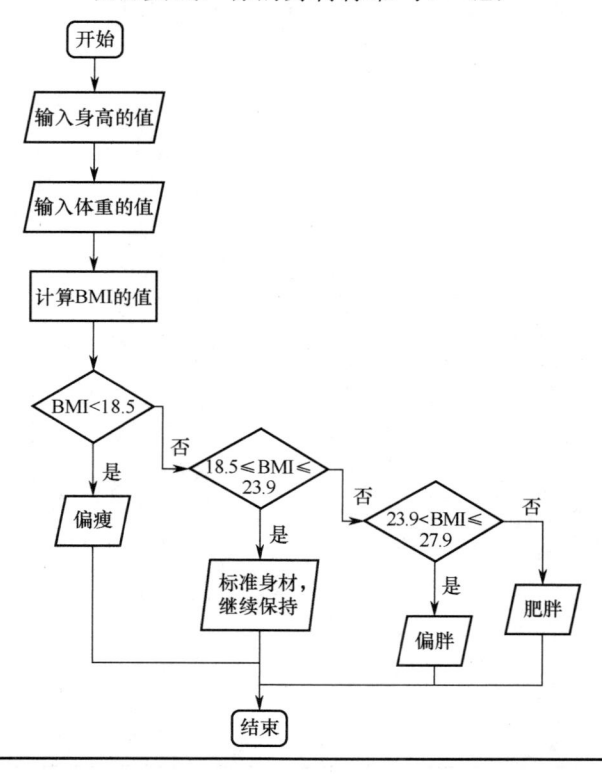

```
       ┌──────┐
       │ 开始 │
       └──┬───┘
    ┌─────▽─────┐
    │ 输入身高的值 │
    └─────┬─────┘
    ┌─────▽─────┐
    │ 输入体重的值 │
    └─────┬─────┘
    ┌─────▽─────┐
    │ 计算BMI的值 │
    └─────┬─────┘
       ◇ BMI<18.5 ◇ ──否──> ◇ 18.5≤BMI≤23.9 ◇ ──否──> ◇ 23.9<BMI≤27.9 ◇ ──否──> [肥胖]
          │是                      │是                       │是
       [偏瘦]              [标准身材，继续保持]          [偏胖]
          │                       │                       │
          └───────────────────────┴───────────────────────┘
                              │
                          ┌───▽───┐
                          │ 结束 │
                          └──────┘
```

| 课时教学设计 |
|---|
| 8．课时作业设计<br>尝试画出猜数字小游戏的算法流程图。 |
| 9．课时教学反思（实施后填写） |

（续表）

# 第 7 单元　身边的系统

本单元的学习内容主要培养学生计算思维、数字化学习与创新核心素养。本单元分为 3 课时，分别为"生活中的系统""系统的构成"和"观察系统"，课程内容从"概念了解与认知"到"结构构成与了解"再到"实例体验与实践"，体现了学习内容与素养培育要求的衔接、递进。

## 第 1 课时　生活中的系统

| 课时教学设计 ||
|---|---|
| 单元名称 | 身边的系统 |
| 第 1 课时 | 生活中的系统 |

**1．课时教材分析**

本节课是学生第一次了解系统的概念，教师可以从科学课里的呼吸系统、血液循环系统、神经系统入手，引导学生先了解系统的概念，再转到生活中的系统，如家里的照明系统、学校的安防系统、城市里的交通系统等。

在探讨系统的特征时，教师可以以呼吸系统为例，深入分析并总结出系统的三个特征：由两个或两个以上部分构成、不同部分之间有关联、具有特定的功能。

此外，通过介绍北斗系统，不仅能够丰富学生的知识面，也有助于培育学生的爱国精神。

**2．课时学情分析**

六年级学生虽然是第一次接触系统的概念，但在之前的科学课中，他们已经了解了呼吸系统、血液循环系统等，并在日常生活中熟悉了照明系统、安防系统等。因此，在教师的引导下，他们能够顺利地总结出系统的概念及特征。

**3．课时学习重难点**

系统的概念及特征。

**4．开放性学习环境**

（1）机房环境配置：教师机、学生机。

（2）其他软硬件工具：WPS、电子教室。

（续表）

| 课时教学设计 |
|---|

**5．课时学习目标**

（1）能结合实例说出系统的概念。

（2）能结合实例说出系统的特征。

（3）能举例说明生活中的系统。

**6．课时教学过程**

| 教师活动 | 学生活动 |
|---|---|
| **环节一：新课导入（5min）** | |
| **教师活动1**<br>1．在科学课中，同学们学过哪些系统？<br>2．生活中也有各种各样的系统，请结合图片说说生活中都有哪些系统和系统由哪些部分构成。<br>出示有关生活中系统的图片。<br>3．今天我们就来学习生活中的系统。 | **学生活动1**<br>1．预设回答：<br>呼吸系统、血液循环系统等<br>2．预设回答：<br>（1）照明系统<br>（2）空调系统<br>（3）自来水系统<br>（4）计算机系统<br>（5）云数据系统<br>3．了解本节课的主题：身边的系统。 |
| **活动意图说明**：从生活中易于理解的现象入手，了解本节课的主题：生活中的系统。 ||
| **环节二：新知学习（16min）** | |
| **教师活动2**<br>1．我们在科学课上学过呼吸系统、血液循环系统，请说一说，呼吸系统是由哪些器官构成的？血液循环系统是由哪些器官构成的？每个器官的作用是什么？<br>计算机系统是由哪些部分构成？<br>2．引导并总结定义<br>系统是由若干部分相互联系，相互作用，结合而成的具有特定功能的整体。<br>3．出示图片并提问<br>照明系统、空调系统分别具有什么功能？它们分别由哪些部分构成？ | **学生活动2**<br>1．认真听讲，积极思考作答。<br>2．通过对现有知识的推导，得出系统的概念。<br>3．预设回答：<br>照明系统具有照明功能，由灯源、灯具和配电线路三部分构成。<br>空调系统具有调节室内温度的功能，由制冷系统、通风系统、电气控制系统和箱体系统四部分构成。 |
| **活动意图说明**：总结系统的定义，对概念的关键部分通过举例子、系统分析等方式来加深学生的记忆。 ||

(续表)

| 课时教学设计 ||
|---|---|
| **环节三：系统的特征（14min）** ||
| 教师活动3<br>1. 根据系统概念和实例，我们可以总结出系统有哪些特点呢？<br>2. 根据学生的汇报，总结出系统的特点：<br>（1）由若干部分构成；<br>（2）各部分之间相互联系、相互作用；<br>（3）形成的整体具有特定功能。 | 学生活动3<br>1. 进行5分钟的小组讨论，教师巡视。<br>2. 将讨论结果进行汇报，教师进行补充。 |
| **活动意图说明**：结合概念与实例，讨论、总结系统的特征。 ||
| **环节四：小结点评（5min）** ||
| 教师活动4<br>1. 总结本节课的收获<br>系统的概念：若干部分相互联系、相互作用，结合而成的具有特定功能的整体。<br>系统的特点：<br>（1）由若干部分构成；<br>（2）各部分之间相互联系、相互作用；<br>（3）形成的整体具有特定的功能。<br>2. 系统无处不在，它们以各种形式存在于我们周围。 | 学生活动4<br>1. 将黑板板书的重点进行总结。<br>2. 了解身边处处有系统，紧扣主题。<br>3. 完成课堂评价表。 |
| **活动意图说明**：回顾并总结本节课的重难点。 ||

**7. 课时教学板书设计**

身边的系统<br>
系统的概念<br>
系统的特点

**8. 课时作业设计**

列举校园里的系统，说一说它是由哪些部分构成的，具有哪些功能。

**9. 课时教学反思（实施后填写）**

# 第 2 课时　系统的构成

| 课时教学设计 ||
|---|---|
| 单元名称 | 身边的系统 |
| 第 2 课时 | 系统的构成 |
| \multicolumn{2}{c}{1．课时教材分析} ||

1．课时教材分析

本节课是"身边的系统"单元的第 2 课时，即系统的构成。通过学习本节课，学生能够了解系统的构成和系统的模块等基本概念。

本课时的教学内容由四个活动组成：

（1）找一找：以视频为引导，找一找生活中常见的系统，并了解系统和子系统的概念。

（2）识一识：通过资料学习，掌握系统的模块特点，并完成相应的学习单。

（3）改一改：在教学素材的引导下，描述其中系统的构成，并提出自己的改进意见。

（4）拓一拓：教师引导学生根据上一环节的修改意见，对小程序系统素材进行修正和优化，形成自己的作品，并在课堂中开展交流、展示与评价活动。

整堂课以小组协作的方式进行，以任务活动为主线，围绕"校园中的系统"这一主题情境开展教学，旨在实现以下学习目标：（1）了解常见的系统。（2）学会观察系统的构成。

2．课时学情分析

学生们在之前的课程中已经了解了系统的基本特征，为学习系统的构成打下了基础，因此，学生们能够顺利达成本节课设定的学习目标。

3．课时学习重点

（1）了解系统的基本概念。

（2）了解系统的子系统、模块，以及它们与系统的关系。

（3）认识子系统与模块。

4．课时学习难点

（1）了解系统的子系统、模块，以及它们与系统的关系。

（2）根据系统的特点，选择一个系统，描述其构成，并提出改进建议（以绘图形式呈现）。

5．开放性学习环境

（1）机房环境配置：教师机、学生机。

（2）其他软硬件工具：思维导图软件、相关教学软件。

(续表)

## 课时教学设计

**6．课时学习目标**

（1）了解系统的基本概念。

（2）了解系统的子系统、模块，以及它们与系统的关系。

（3）认识子系统与模块，了解子系统和模块的特点。

（4）能够依据系统的特点，描述一个系统的构成，并提出改进建议（以绘图的形式呈现）。

**7．课时教学过程**

| 教师活动 | 学生活动 |
| --- | --- |
| 环节一：情境创设—新课导入（找一找、学一学）(5min) | |
| **教师活动1**<br>同学们，上节课我们了解了身边的系统，并且知道了系统的基本概念，看看大家还记得多少？咱们分小组来探索，大家先来比一比吧！<br>播放视频：《校园里的系统》<br>刚才的视频中出现了很多的系统，同学们找找看，你能找到哪些呢？<br>刚才在视频中简单介绍了一个大系统可以分解成几个小系统，小系统可称为大系统的子系统。计算机系统可以分解成硬件子系统和软件子系统，计算机的硬件系统又可以分解成主机、显示器、鼠标、键盘等多个子系统。说一说，计算机软件系统由哪些子系统构成呢？<br>预设情况：<br>1．学生说不全，教师给予适当提示。<br>2．请同组同学作补充说明。 | **学生活动1**<br>观看视频，进入情境。<br>尝试说一下计算机软件系统的构成（Windows系统）：桌面、开始菜单栏、任务栏、网络和各种应用程序等。 |

**活动意图说明**：通过视频帮助学生理解系统的构成，同时介绍项目的主题、情境和任务。此外，利用小组比赛的方式来激发学生的学习热情，并作为引入后续教学内容的手段。

| 环节二：校园中的系统："识一识，系统中的模块"（15min） | |
| --- | --- |
| **教师活动2**<br>提出问题：<br>在使用计算机的时候，不小心把鼠标摔坏了，计算机不听使唤了，需不需要买一台新计算机呢？ | **学生活动2**<br>思考并回答问题。<br>（说明：六年级学生在以前的信息科技课堂学习过程中已经遇到过此种情况，有相关经验。） |

（续表）

| 课时教学设计 ||
|---|---|
| **提出重点：**<br>　　系统中可以灵活组合或更换的组件（单元）被称为模块。计算机硬件系统由主机、显示器、鼠标、键盘等构成，为了便于安装和更换，显示器、鼠标、键盘等子系统被设计成可以灵活进行更换的模块。<br>　　模块是系统的构成部分，并且具有以下基本特点：<br>　　1．模块具有相对独立的功能；<br>　　2．可以运用到不同系统中；<br>　　3．可以灵活更换。<br>**任务出示：**<br>　　现在，我们了解到了系统的构成、子系统和模块的特点，试一试来完成以下任务吧。<br>　　1．找出学习单上任务一中智能系统的所有子系统。<br>　　2．填写完成学习单上任务二中的各类系统模块（写出序号）。<br>**归纳总结：**<br>　　归纳点评，协助学生梳理完成过程分析。 | 　　认真听讲并完成梳理。<br>　　完成学习单中任务一和任务二的填写。<br>　　学生填写情况预设：部分学生填写错误，与同桌进行探讨并纠正。 |
| **活动意图说明：** 让学生了解以计算机为例的系统模块的特点，学会对子系统和模块的区分。 ||
| **环节三：改一改（5min）** ||
| **教师活动3**<br>　　这里有一个系统示例，但是系统的功能不全，请按照要求增加相应的子系统或者模块。<br>　　1．小组讨论，并将改进的意见汇总。<br>　　2．在学习单的任务三中，完成对该系统的功能改进，并进行小组讨论，完善自己的改进效果，教师将对改进较好的小组给予加分！ | **学生活动3**<br>　　1．认真听讲，了解任务需求。<br>　　观察学习单的改进要求，小组讨论改进的方式。<br>　　2．填写任务三，完成对学习单的书写，梳理完成改进意见并进行汇报。 |

## 课时教学设计

(续表)

| | |
|---|---|
| **活动意图说明**：让学生通过实例感受并理解子系统和模块的概念和特征，并在此基础上针对系统示例提出优化改进意见。这一过程旨在帮助学生形成对系统的全面了解，同时培养他们对系统功能模块进行分析的能力。 | |
| **环节四：拓一拓（10min）** | |
| **教师活动4**<br>　　以往我们编写的创意小程序，也可视为独立的系统，它们由不同的代码模块构成，且都具有一定的功能。播放一个小视频，让学生通过学习视频中的方法，改进自己的创意小程序。<br>　　组织与点评活动。 | **学生活动4**<br>　　观看小视频。<br>　　动手改进创意小程序。<br>　　展示程序改进后的作品。<br>　　学生互评。 |
| **活动意图说明**：通过活动的设计与互动，加深学生对模块特点的了解与印象。 | |
| **环节五：小结点评（5min）** | |
| **教师活动5**<br>　　1. 邀请学生梳理本节课所学知识。<br>　　2. 提问：关于系统、子系统、模块，同学们还有什么想知道的？<br>　　依据预设提前准备好解答材料：<br>　　（1）子系统也可更换。<br>　　（2）存在这种可能。<br>　　介绍系统概念的复杂性，并介绍相关拓展阅读材料。 | **学生活动5**<br>　　尝试梳理本课知识。<br>　　尝试提出思考问题。<br>　　预设可能提出的问题：<br>　　（1）子系统都不能更换吗？<br>　　（2）系统中的构成部分有没有可能既是子系统，又是模块？ |
| **活动意图说明**：归纳、总结本节课的知识。 | |

**8. 课时教学板书设计**

系统的构成<br>子系统

模块特点：

1. 模块具有相对独立的功能；
2. 可以运用到不同系统中；
3. 可以灵活更换。

（续表）

| 课时教学设计 |
|---|
| 9. 课时作业设计<br>你身边有哪些系统？这些系统又由哪些子系统和模块构成？ |
| 10. 课时教学反思（实施后填写） |

# 第3课时 观察系统

| 课时教学设计 ||
|---|---|
| 单元名称 | 身边的系统 |
| 第 3 课时 | 观察系统 |
| \multicolumn{2}{l}{1．课时教材分析} ||

1．课时教材分析

本课时面向六年级学生，旨在引导学生观察生活中各式各样的系统。

活动设计的关系与结构：

活动 1：以"校园中的控制系统"为例，通过播放情境视频，让学生认识到我们已经融入数字化的校园生活环境中。激发学生的探索兴趣，鼓励他们主动发现生活中的系统。最后，教师帮助学生总结归纳，加深学生对系统的认识。

活动 2：引导学生深入分析系统的各个构成部分及其功能。

活动 3：通过绘制系统框图，学生可以更有效地提取和展示信息。

活动 4：学生分组进行活动，以生活中常见的系统为例，利用系统框图的方式来展示系统的构成和功能。同时，运用发散性思维进行创新设计，将脑海中构想的系统形象化地呈现出来。

2．课时学情分析

本节课是本单元规划的第 3 课时。在前面的两个课时中，学生学习了系统的基本概念，知道了系统的构成。在本节课中，将通过对身边系统的观察和分析，学会使用系统框图的方式来描述系统。

3．课时学习重点

观察身边的系统、分析系统的构成。

4．课时学习难点

能够使用系统框图的方式来分析系统的构成。

5．开放性学习环境

教师机、学生机、局域教学软件。

6．课时学习目标

（1）观察身边的系统；

（2）分析系统的构成；

（3）用系统框图的方式描绘系统的构成。

(续表)

## 课时教学设计

7. 课时教学过程

| 教师活动 | 学生活动 |
|---|---|
| **环节一：情境创设-新课导入（5min）** | |
| 教师活动 1<br>1. 情境创设<br>播放视频：校园当中的控制系统。<br>提出问题：机器是如何进行人脸识别的？是哪些功能模块实现了这一功能？<br>通过观察，我们已经了解实现人脸识别功能的系统模块。我们一起来总结一下。<br><br>| 构成部分 | 作用 |<br>|---|---|<br>| 摄像头 | 可以看见人脸 |<br>| 语音系统 | 根据扫描结果，发出提示信息 |<br>| 后台控制系统 | 提前进行人脸学习，当学习过的人脸进入监控区域时，则开门让其通过，并记录相应的信息 |<br><br>2. 引发思考（头脑风暴）<br>在我们美丽的校园里，还有很多的系统，你能根据自己的印象，说出它们的构成部分和功能吗？与同桌互相交流。 | 学生活动 1<br>通过观看视频，尝试进行猜测：<br>摄像头、音响、大门、软件控制（人脸学习软件）、后台监控软件、遥控器等。<br>说一说每一部分的功能。<br>说一说自己看到的校园里的系统都有哪些构成部分，它们有哪些功能或作用。 |
| **活动意图说明**：提出真实情境中的问题，引发学生思考，培养学生的观察力。 | |

(续表)

## 课时教学设计

| 环节二：系统的分析与解构（10min） ||
|---|---|
| 教师活动2 | 学生活动2 |
| 提问：刚才我们已经了解了校园中的一些系统，并了解了它们的构成及其功能。同学们有什么好的方法来描述和展示这些系统功能吗？<br><br>摄像头 →(接收信息)→ 控制系统 →(语音提醒+画面显示)→ 显示器+音响<br><br>这种方法被称为框图法。框图广泛应用于表示系统各构成部分及其相互关系。通过框图，我们可以更直观地展现系统的构成，它常被用作系统设计与分析。<br>请用框图来描述一下学校的视频监控系统吧！ | 思考如何把我们熟知的系统结构清晰地展现出来？<br>预设：<br>方法一：用图画描绘；<br>方法二：用文字描述；<br>方法三：思维导图。 |

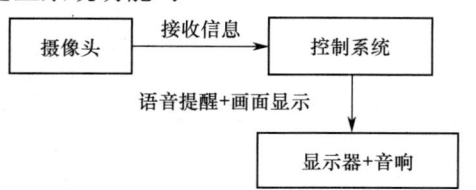

**活动意图说明**：利用框图的形式简明的展示系统各部分的构成及其功能，让学生了解框图的好处。

| 环节三：数字校园系统小改进（15min） ||
|---|---|
| 教师活动3 | 学生活动3 |
| 同学们有没有观察到咱们学校最近新添了哪些数字设备，或者还缺少哪些数字设备？这些设备属于哪些系统？请同学们以小组合作的方式，使用框图法画出该系统的结构图。 | 1. 对任务进行分解<br>方案一：根据校园系统完善系统框图。<br>方案二：自己设计智慧系统，为校园注入智能元素。<br>2. 查看任务单，并进行填写。以小组合作的方式完成探究。 |

**活动意图说明**：学生通过真实案例的分析完成对系统框图的设计，同时在活动中加入了创新设计，让学生能够不拘泥于本校现有系统，畅想智慧化的校园生活。

| 课时教学设计 |
|---|

**环节四：展示、小结点评（5min）**

| 教师活动 4 | 学生活动 4 |
|---|---|
| 邀请各小组代表上台展示本组绘制的系统框图，并描述系统的运行过程。<br>通过本节课的学习，我们学会了用系统框图来描述我们身边常见的系统，还畅想了未来的智慧校园。老师希望大家在生活中也能成为小小观察家，仔细观察生活中各种系统，并绘制它们的系统框图。 | 小组代表负责介绍，其他组员负责补充，通力合作完成对系统框图的展示。 |

**设计意图**：归纳总结，梳理本节课所学知识。

**8. 课时教学板书设计**

      观察系统
     系统的构成
     绘制系统框图

**9. 课时作业设计**

生活中还有哪些系统？如何用系统框图的方式描述这些系统？选择一种你熟悉的系统，并绘制它的系统框图

**10. 课时教学反思（实施后填写）**